W0346651

S

De

Martina Gorgas

J. BERG

Inhalt

Vorwort

Unser Motto ist: »Wir lieben Bayern.« Denn Bayern ist einfach das schönste Land der Welt. Nicht umsonst kommen jedes Jahr so viele Menschen zu uns und verbringen hier ihren Urlaub. Noch schöner ist es aber, hier zu leben! Denn dann müssen wir nicht weit fahren und können die interessantesten Ecken in »unserem« Freistaat gleich in unserer Freizeit entdecken.

Wir von ANTENNE BAYERN haben für Sie in diesem Buch deshalb etwas ganz Besonderes zusammengestellt – Die 100 schönsten Erlebnisse in Bayern, die Sie nie vergessen werden. Da ist für jeden etwas dabei. Für einen Wochenend-Ausflug, fürs Ferienprogramm, für Ihren nächsten Urlaub zu Hause. Sie können allein unterwegs sein, mit Kindern, mit Freunden und Ihrem Partner. Außergewöhnliche Ideen, was Sie bei uns in Bayern alles unternehmen und erleben können.

Meine ganz persönlichen Highlights: Kamelreiten im Mangfalltal in Oberbayern, die längste Ganzjahresrodelbahn im Allgäu, der Monsterbagger-Park in Oberfranken und eine ganz außergewöhnliche Künstlerkneipe in Nürnberg. Ach – wenn ich ganz ehrlich bin: Am liebsten würde ich mit Ihnen jedes einzelne dieser Erlebnisse ausprobieren und teilen …

Ihr

Stefan Meixner

Anfahrt **Öffentlich:** Zug nach Würzburg, Regionalzug nach Bad Neustadt, Bus 8305 nach Bischofsheim. **Auto:** A 71 Ausfahrt Bad Neustadt, B279 Richtung Bischofsheim, dann links auf die St 2289, rechts auf die NES 53 und rechts in die Hofstraße nach Bischofsheim.

Informationen Kloster Kreuzberg, 97653 Bischofsheim, Tel. 09772/91240; www.bischofsheim.info.

Auf den höchsten Gipfel Frankens

1

Der Kreuzberg bei Bischofsheim ist ein Berg der Superlative: eines der beliebtesten Ausflugsziele der Rhön, mit stolzen 928 Metern der höchste Berg weit und breit, dank seiner jahrhundertelangen Tradition als Wallfahrtsort der »heilige Berg der Franken« und wegen seines hervorragenden Klosterbiers bei Bierkennern geschätzt.

Zugegeben, etwas steil ist die Wanderung von Bischofsheim auf den Kreuzberg schon. Dafür verläuft sie aber größtenteils im Schatten – und die Strapazen des Aufstiegs lohnen sich unbedingt! Denn sobald Sie die Stufen zu den drei Gipfelkreuzen bezwungen haben, bietet sich Ihnen ein atemberaubender Panoramablick über die Rhönberge und die umliegenden Dörfer. Außerdem erwartet Sie ein traditionsreiches Kloster mit einer sehenswerten Klosterkirche und einem tollen Klostergarten. Und nicht zuletzt eine gemütliche Klosterschänke, in der Sie mit dem aromatischen Kreuzbergbier, das hier seit 1731 gebraut wird, Ihren Durst löschen können. Also, worauf warten Sie? Die Wanderschuhe geschnürt und los!

Ausgangspunkt der rund zweieinhalbstündigen Wanderung ist der Parkplatz in der Bischofsheimer Altstadt. Dort folgen Sie der Markierung mit einem grünen »Ö« (Zubringer zum Hochrhöner) und biegen zunächst rechts in die Kreuzbergstraße ein, danach erneut rechts in den Zentweg. Der weitere Weg verläuft schön über Wiesen bis zu einem kleinen Waldstück. Hier gehen Sie den Waldweg hoch und kommen wenig später an der Ruine Osterburg vorbei. Sie folgen weiter dem grünen »Ö« und erreichen den Hochrhöner. Hier wechselt die Markierung und wird zu einem orangefarbenen »Ö« (Premiumweg Hochrhöner), das Sie ab jetzt bis zum Kloster begleitet. Sie gehen nun am Hang des Arnbergs entlang – herrliche Aussicht! – bis zur Kreuzung Kreuzbergstraße/Abzweigung Oberwildflecken. Im Folgenden wandern Sie nach rechts entlang der Kreuzbergstraße, dann über Wiesenwege und durch Buchenwald zum Kloster Kreuzberg.

2 Mit dem Segway durch den Spessart

Outdoor-Fans aufgepasst: Es ist einfach genial, auf dem Segway durch die Landschaft zu cruisen – deutlich entspannter als mit dem Mountainbike und viel lustiger als zu Fuß. Gönnen Sie sich dieses einzigartige Erlebnis und erkunden Sie mit dem Segway den Spessart – in einer netten Truppe und mit uriger Einkehr!

Genial und easy – das sagen alle, die schon mal mit einem Segway gefahren sind: Man steht aufrecht und ist bis zu 20 km/h »schnell«. Bisher meist in Städten unterwegs, sind sie aber auch geländetauglich. Hätten Sie nicht Lust, das zum Beispiel auf der »Sylvan-Tour« durch den Spessart, einer der Touren, die die Firma »Segtrail« anbietet, auszuprobieren?

Start und Ziel der knapp dreistündigen Fahrt ist das Torhaus Aurora (B 8 zwischen Rohrbrunn und Bischbrunn). Nach einer kurzen Einweisung geht es los. Schon nach ein paar Minuten hat man den Dreh raus und fährt entspannt Richtung Rohrbrunner Forst. Von dort geht es zum Geiersberg, dem mit 586 Metern höchsten Berg des Spessarts. Mehrere Aussichtspunkte laden zu Zwischenstopps ein! Nach halber Strecke sind Sie schon am ersten Ziel: dem versteckt im Wald gelegenen Forsthaus Sylvan, wo Sie es sich auf der Sonnenterrasse bei einer fränkischen Brotzeit gemütlich machen können, bevor es wieder zurück zum Torhaus Aurora geht.

Anfahrt **Öffentlich:** Zug nach Würzburg, Bus 8078 nach Marktheidenfeld, Bus 8051 Richtung Wertheim Bahnhof, dort Bus 8051 Richtung Marktheidenfeld nach Kreuzwertheim. **Auto:** A 3 Ausfahrt Marktheidenfeld, Richtung Wertheim/Kreuzwertheim, rechts auf B 8, dann auf St 2315, rechts auf MSP 35, rechts auf Krautäcker.

Informationen segtrail – SEGWAY Point Würzburg, 97892 Kreuzwertheim, Krautäcker 3, Tel. 09342/93467290; www.segtrail.de. Zum Segway-Fahren benötigt man mindestens einen Mofaführerschein. Ein Fahrradhelm ist Pflicht.

Preise **Sylvan-Tour:** Pro Person 79 €, 10 € Rabatt für Schüler u. Studenten (gegen Ausweis).

Wie früher: Übernachten im Baumhaus

3

Versteckt im Wald in einem gemütlichen Baumhaus übernachten. Abends bei Kerzenlicht und einem Glas Wein auf der kleinen Terrasse in luftiger Höhe sitzen und die himmlische Ruhe genießen. Mit dem Rauschen der Baumwipfel und dem Geruch des Waldes einschlafen – romantischer geht's nicht! Und eine Prise Abenteuer ist auch dabei …

Denken Sie noch manchmal an Ihr Baumhaus aus Kindertagen? Oder haben Sie früher nur davon geträumt? Wie auch immer – es ist einfach faszinierend, hoch über dem Erdboden zu schlafen und beim Aufwachen in die Baumkrone einer gewaltigen alten Eiche zu blicken.

Diesen Traum können Sie sich im Wipfelglück Baumhaushotel bei Mönchberg im Spessart erfüllen: Auf etwa fünf Meter hohen Stelzen, teilweise auch an alten Eichen verankert, wurden hier urige Baumhäuser aus Lärchen- und Fichtenholz gebaut, jedes mit einer Grundfläche von ca. 25 Quadratmetern für bis zu vier Personen, hell und freundlich eingerichtet. Ihr Lieblingsplatz wird bestimmt die kleine Terrasse vor dem Haus, auf der man morgens das leckere Frühstück, das im Picknickkorb angeliefert wird, genießen kann. Inzwischen gibt es sogar ein Baumhaus für Rollstuhlfahrer. Der »große Bruder« ist über eine Rampe zu erreichen.

Auch die Umgebung der Wipfelglück Baumhäuser ist traumhaft, ob zum Wandern, Nordic Walking oder (Sonnen-)Baden im Freibad Badespaß, sodass Sie sich noch lange an Ihr Baumhaus-Wochenende erinnern werden!

Anfahrt **Öffentlich:** Zug nach Aschaffenburg, Regionalexpress nach Miltenberg, Bus 81 nach Mönchberg. **Auto:** A 3 Abfahrt Rohrbrunn, über Eschau nach Mönchberg.

Informationen Wipfelglück Baumhaushotels Mönchberg, Am Brunnweg, 63933 Mönchberg, Tel. 06155/848550; www.wipfelglueck.de.

Preise Kinder (3–16 Jahre) 39 € pro Nacht, Jugendliche (ab 17 Jahre) u. Erwachsene 79 € pro Nacht, inkl. Frühstück, Eintritt ins Spessartbad, Kurtaxe. Familienangebot: 4 Personen 197 € pro Nacht, inkl. Frühstück.

Herrlich entspannend: ein Besuch im Baumhaushotel Wipfelglück in Möckenlohe (siehe S. 9)

Anfahrt **Öffentlich:** Zug nach Aschaffenburg, Regionalbahn nach Miltenberg, RFB 84 Rufbus zum Flughafen Mainbullau (Voranmeldung 1 Tag vorher unter Tel. 09371/6006). **Auto:** B 469 Abfahrt Mainbullau, in Mainbullau über den Rüdenauer Weg zum Flugplatz Mainbullau.

Informationen Flugsportclub Miltenberg e. V., Mainbullau, Flugplatz 3, 63897 Miltenberg, Tel. 09371/3363; www.flugplatz-mainbullau.de. Sämtliche Flüge können über die Freizeitwerkstatt Familie Schuldt gebucht werden, Tel. 09371/6692626; www.freizeitwerkstatt.com.

Preise Schnupperflug Ultraleichtflugzeug 30 €, Ultraleichtflugzeug selbst fliegen 168 €, Motorflug z. B. 115 €, Tandemsprung 195 €. Weitere Kosten siehe Homepage der Freizeitwerkstatt.

Höhenrausch in Reinkultur! 4

Ein Flugplatz, wie es ihn in Bayern kein zweites Mal gibt. Zu erreichen über ein winziges Sträßchen. Flugverrückte unter sich. Gestartet und gelandet wird auf einem 450 Meter hohen Plateau – mit dem Motorflugzeug, Ultraleichtflugzeug, Gyrokopter, Hubschrauber, Gleitschirm oder mit dem Fallschirm in der Absetzmaschine …

Wo Sie auf dieses Abenteuer der Lüfte treffen? Auf dem Flugplatz von Mainbullau, einem Ortsteil von Miltenberg, auf einem Berg hoch über dem Maintal gelegen, mitten im schönen Odenwald. Hier gibt es einfach alles für über den Wolken – Motorflugzeuge, Motorsegler, Ultraleichtflugzeuge, Gyrokopter, Hubschrauber und Fallschirmspringer – für jeden einzeln oder auch für Gruppen. Einfach herkommen und mitfliegen! Sie müssen sich nur entscheiden, was Sie in der Luft erleben wollen: Zum Piloten in das Cockpit eines modernen Ultraleichtflugzeugs einzusteigen, ist gerade absolut angesagt. Oder Sie absolvieren einen Schnupperkurs und übernehmen nach einer kurzen theoretischen Einweisung in der Luft selbst das Steuer …

Ein unvergesslicher Genuss ist es zum Beispiel, mit dem Hubschrauber bis nach Frankfurt zu fliegen und dort die Skyline zu umkreisen und anschließend das Bankenviertel, Messegelände, Museumsufer oder die Altstadt aus der Vogelperspektive zu betrachten. Oder das Fallschirmspringen, ob zu zweit oder allein: Nach einem kurzen Lehrgang gleiten Sie im Tandem mit dem Fallschirm durch die Lüfte – zuvor gilt es aber, 50 Sekunden freien Fall aus 3000 Meter Höhe durchzustehen! Nach dem zweitägigen Einführungskurs können Sie sich sogar allein aus 1500 Meter Höhe in die Tiefe wagen – die automatische Reißleine am Fallschirm, die mit dem Flugzeug verbunden ist, übernimmt hierbei das Öffnen des Fallschirms.

Wer einmal hier war, schwärmt von der besonderen Atmosphäre dieses Flugplatzes, die ihn so attraktiv macht – abgesehen von der atemberaubenden Lage und der traumhaft schönen Landschaft!

Anfahrt **Öffentlich:** Zug nach Rothenburg. **Auto:** A 7 Ausfahrt Rothenburg o. d. T.

Informationen Tourist-Information Romantisches Franken, Tel. 09803/94141; www.romantisches-franken.de.

Rundtour durch das »liebliche Taubertal« 5

Was für eine wunderbare Kombination: erst ein Bummel durch die berühmte Altstadt von Rothenburg, dann mit dem Rad durch die leicht hügelige Frankenhöhe mit schönen Aussichten – und wenig später durch das romantische Tal der Tauber. Kurz vor dem Ziel: eine sehenswerte Kirche und ein kleines Sommerschloss. Perfekt!

Ausgangspunkt der 34 Kilometer langen Radtour ist der Marktplatz von Rothenburg – doch bevor Sie sich aufs Rad schwingen, spazieren Sie unbedingt durch die mittelalterliche Altstadt mit ihren Stadttoren und Fachwerkhäusern (und wenn Sie eine Stadtführung für chinesische Touristen sehen: Machen Sie sich doch den Spaß und laufen Sie mal ein paar Meter mit … ein ganz besonderes Erlebnis!).

Danach fahren Sie stadtauswärts über Georgengasse, Galgengasse und Schweinsdorfer Straße nach Schweinsdorf. Dort halten Sie sich in Richtung Hartershofen, wo Sie der Straße nach Steinsfeld und nach Gattenhofen folgen. Sie durchqueren jetzt die Frankenhöhe mit ihren sanften Hügeln und haben immer wieder schöne Ausblicke. Am Ortsende von Gattenhofen biegen Sie rechts nach Adelshofen ab. Dort fahren Sie leicht bergauf nach Gickelhausen und weiter links nach Neustett, wo es – endlich – auch einmal bergab geht, ins Taubertal nach Tauberzell. Durch das romantische Flusstal radeln Sie nun in sanftem Auf und Ab nach Norden, kommen an ehemaligen Mühlen und verträumten Dörfern vorbei. Genau richtig für eine kleine Pause.

In Tauberzell biegen Sie an der Durchgangsstraße zunächst links, dann gleich wieder rechts ab und fahren über Tauberscheckenbach nach Bettwar und weiter nach Detwang. Hier erwartet Sie ein Kleinod: die über 1000 Jahre alte Kirche St. Peter und Paul mit ihrem Passionsaltar von Tilmann Riemenschneider. Nach der Besichtigung bleiben Sie auf der Straße und erreichen wenig später das Topplerschlösschen aus dem 14. Jahrhundert. Von hier ist es nicht mehr weit nach Rothenburg zurück, das Sie schon auf den Hügeln vor Ihnen sehen.

Holzstuhl mit Spitzen

Anfahrt **Öffentlich:** Zug nach Rothenburg. **Auto:** A 7 Ausfahrt Rothenburg o. d. T.

Informationen Kriminalmuseum, Burggasse 3–5, 91541 Rothenburg o. d. T., Tel. 09861/5359; www.kriminalmuseum.rothenburg.de.

Preise Kinder u. Schüler 2,60 € (Kinder unter 6 Jahren frei), Studenten 3 €, Erwachsene 4,20 €, Familienkarte 11 €.

Schaudern im Kriminalmuseum

6

Eintauchen ins finstere Mittelalter mit seinen grausigen Foltergeräten wie der gefürchteten »Doppelhalsgeige«, der »Kette für Falschspieler« oder dem »Eisernen Käfig«. Und erfahren, wovor sogar ein Scharfrichter Angst hatte … Das und noch viel mehr erwartet Sie im Kriminalmuseum in Rothenburg ob der Tauber.

Wie seit dem Mittelalter große und kleine Verbrechen bestraft wurden, wie sich Gesetze entwickelt und geändert haben, wie früher Recht gesprochen wurde – darüber werden Sie beim Rundgang durch die vier Etagen dieses ungewöhnlichen Museums aufgeklärt. Über eine schmale Treppe kommen Sie zu den ersten Foltergeräten, einer Streckbank und einer Daumenschraube … man mag sich gar nicht vorstellen, wie die Menschen damit gequält wurden. Weniger gruselig sind die Originaldokumente auf der nächsten Etage, alte Reisepässe, Gerichtsurteile und Gesetzestexte, oft in Originalhandschriften. In der nächsten Etage erwarten Sie weitere Folterinstrumente, etwa ein Galgen oder Geräte, um Finger oder Zunge abzuschneiden. Falls Sie zwischendurch einmal eine Pause brauchen – in allen Ausstellungsräumen gibt es Holzbänke für die Besucher. Im nächsten Stock sehen Sie den berühmten Keuschheitsgürtel, den früher untreue Ehefrauen tragen mussten. Auch die »Eiserne Jungfrau« war recht beliebt – ein hohler Kasten, der innen mit langen Nägeln bestückt war, die sich beim Verschließen in den Leib des darin Befindlichen bohrten … Wer üble Nachrede sprach, bekam die Schandmaske um und musste sich damit auf den Marktplatz stellen. Einem Dieb wurde mit einem Beil die Hand abgehackt. Gut, dass diese Zeiten vorbei sind – zumindest bei uns!

ANTENNE BAYERN TIPP

Wenn Sie's nach den ganzen Folterinstrumenten wieder kuschelig mögen – in Rothenburg gibt es ein ganzjährig geöffnetes Weihnachtsmuseum mit wunderschönem Christbaumschmuck und allerlei Wissenswertem zu Geschichte und Brauchtum dieses Festes. Deutsches Weihnachtsmuseum, Herrngasse 1, 91541 Rothenburg o. d. T., Tel. 09861/409365; www.weihnachtsmuseum.de.

7 Bitte einsteigen zur Weintour!

Bocksbeutel – das ist Frankenwein in der typischen Flasche. Mit der Buslinie »Bocksbeutel-Express« fahren Sie durch malerische Winzerorte – und steigen aus, wo immer es Ihnen gefällt. Per Bus ist ja immer ein Gläschen drin … Übrigens: Die Bocksbeutel-Flasche ist sogar von der EU geschützt.

Start ist in Markt Bibart, bekannt für seinen Aussichtsturm mit wunderbarem Blick auf die Umgebung. Als Nächstes folgt Sugenheim mit dem hübschen Puppen- und Spielzeugmuseum. Über Ezelheim, Herbolzheim und Ulsenheim kommen Sie nach Markt Nordheim, einen romantischen Weinort. Eine der nächsten Haltestellen ist Nenzenheim, besonders schön zur Zeit der Obstblüte. Weiter geht's in den prämierten Weinort Hüttenheim, den Sie während des »Dorfspaziergangs« kennenlernen.

Im geschichtsträchtigen Winzerort Seinsheim begrüßt Sie ein großer Weinrömer am Ortseingang. Es folgt Ippesheim, dann Uffenheim, wo sich die »Romantische Straße«, die »Burgenstraße« und die mittelfränkische »Bocksbeutelstraße« kreuzen. Die Markgrafenstadt wurde bereits 1103 urkundlich genannt und 1349 zur Stadt erhoben. In den umliegenden Weinbergen haben Sie gute Wandermöglichkeiten auf den Höhen des Franken-, des Schein-, des Hohenlands- und des Kapellberges. Und natürlich laden an allen Stationen des »Bocksbeutel-Express« gemütliche Gasthäuser und Heckenwirtschaften zum Verweilen ein … oder im Anschluss daran zur Weinprobe – nach vorheriger Anmeldung kein Problem!

Anfahrt **Öffentlich:** Zug nach Markt Bibart. **Auto:** A 73, über Südwesttangente auf B 8 bis Markt Bibart fahren.

Informationen Von Mai bis 1. November startet an Sonn- u. Feiertagen der »Bocksbeutel-Express« am Bahnhof in Markt Bibart. Touristinfo Steigerwald, Hauptstraße1, 91443 Scheinfeld, Tel. 09162/12424; www.markt-bibart.de.

Preise Je nach Fahrstrecke; Informationen unter www.vvm-info.de.

Einmalig: Floßfahrt auf dem Altmain

8

Den Alltag vergessen, einen kurzweiligen Ausflug und jede Menge Spaß haben – das können Sie auf dem urigen Holzfloß, das Sie auf einer der ältesten Wasserstraßen Deutschlands, dem Altmain, flussabwärts bringt. Unterwegs genießen Sie die romantische Landschaft mit Streuobstwiesen und Weinbergen, malerischen Dörfern und Burgen.

Start der Floßfahrt ist die »Mainschleife« bei Astheim. Knappe vier Stunden dauert die Fahrt auf dem rund 75 Gäste fassenden Holzfloß, das Ihnen unterm Sonnendach fränkische Weine und eine »Häckebrotzeit« mit fränkischen Wurstspezialitäten bietet. Während die Gäste es sich schmecken lassen, haben die Männer an den Rudern ordentlich zu tun. Denn ein rund 30 Tonnen schweres Floß zu bewegen, ist kein Kinderspiel!

Auf der rund neun Kilometer langen Strecke kommen Sie als Erstes an der Vogelsburg und der Weinlage »Eschendorfer Lump« vorbei, wenig später an Eschendorf und Nordheim mit seiner Weinlage »Nordheimer Vögelein«. Weiter flussabwärts erreichen Sie das Winzerdorf Köhler. Jetzt beginnt der entspannteste Teil der Fahrt. Die Uferlandschaft ist weitgehend naturbelassen, Stillwasser und Flachwasserzonen wechseln sich ab – wertvolle Feuchtbiotope mit Nistplätzen für Graureiher und andere Vögel. So geht es dahin, bis der Winzerort Sommerach auftaucht. Die Floßfahrt endet in Gerlachshausen. Zurück geht es per Bus.

Anfahrt **Öffentlich:** Zug nach Würzburg, Regionalbahn nach Seligenstadt, Bus 8105 nach Volkach/Astheim. **Auto:** A 3 Ausfahrt Kitzingen/Schwarzach, zunächst Richtung Kitzingen, dann der Ausschilderung Volkach folgen, auf der St 2271 bis zur Sandgrube in Astheim.

Informationen Floßfahrten mit dem Wein-Natur-Kultur-Floß, Sauer-Barthel GmbH & Co. KG, Ritterstraße 22, 97337 Bibergau, Tel. 09324/980350; www.flosserlebnis.de.

Preise Kinder (bis 12 Jahre) 16 €, Erwachsene 32 €; weitere Preise für Weinprobe, Häckerplatte etc. siehe Homepage; Bustransfer von Gerlachshausen nach Astheim 3 €.

Die romantischen Floßfahrten auf dem Altmain sind ein ganz besonderes Erlebnis (siehe S. 19).

Anfahrt

Öffentlich: Zug nach Schweinfurt, Bus 8137 nach Volkach; Anruf-Sammel-Taxi AST 8110 nach Sommerach (Vorbestellung bis 60 Min. vor Abfahrt, Tel. 09321/8088, Besonderheiten an Feiertagen! Info unter Tel. 0931/35289). **Auto:** A 3 Ausfahrt Kitzingen/Schwarzach/Volkach, Richtung Volkach; nach ca. 3 km Abzweig nach Sommerach.

Informationen

InfoVinothek und Gästebetreuung, Kirchplatz 3, 98334 Sommerach, Tel. 09381/7187939; www.sommerach.de.

Die schönste Schleife Bayerns

9

Schon die Lage wird Sie begeistern: Dort, wo der Main eine Schleife dreht, auf der romantischen Weininsel, liegt der hübsche Weinort Sommerach. Hier beginnt eine wunderbare Weinwanderung mit fantastischen Ausblicken ins Maintal, bekannten Weinlagen und gemütlicher Einkehr zu einem Glas Wein und fränkischen Spezialitäten.

Doch zunächst lohnt ein Bummel durch den charmanten Weinort mit seinen alten Fachwerkhäusern und seiner gut erhaltenen Stadtmauer samt Wehrtürmen und Toren. Auch die Winzertradition des Ortes kann sich sehen lassen: Im Jahr 1901 wurde hier die erste Winzergenossenschaft Mainfrankens gegründet, und noch heute prägt der Weinbau den Charakter Sommerachs.

Am Ende Ihres kleinen Spaziergangs steuern Sie den höchsten Punkt der Weininsel, den aussichtsreichen Kreuzberg an der Mainschleife, an. Hier beginnt der traumhaft schöne Wanderweg Nr. 4, der vor allem Weinliebhabern wärmstens zu empfehlen ist. Der gut ausgebaute Weg verläuft landschaftlich überaus reizvoll hoch über dem Maintal und führt auf einer Länge von ca. elf Kilometern durch die umliegenden Weinberge. Sie wandern über den berühmten Rebsortenlehrpfad und vorbei an renommierten Weinlagen wie dem »Sommeracher Katzenkopf« und dem »Nordheimer Vögelein«. Unterwegs lernen Sie 16 verschiedene Rebsorten kennen, darunter auch sehr seltene; die Krönung ist der Traminer, die Spezialität der Region. Ihr Ziel ist die Hallburg, ein ehemaliges Schloss mit einem zauberhaften Biergarten unter alten Kastanien, Linden und Akazien. Wie wäre es hier mit einer kleinen Stärkung vor dem Rückweg nach Sommerach?

ANTENNE BAYERN TIPP

Ein besonderes Erlebnis sind die Sommeracher »Tage der offenen Höfe« im September. An 28 verschiedenen Orten – Weingütern, Wirtschaften und Handwerksbetrieben – können Sie köstliche Tropfen und regionale Spezialitäten probieren. Die Sommeracher Winzer informieren interessierte Besucher über ihre Arbeit, und Künstler aus der Region stellen ihre Werke aus. Termine siehe www.sommerach.de.

Informationen www.weinland-franken.de, www.GWF-Frankenwein.de.

Mehr über Wein Boxbeutel-Express in Uffenheim (s. S. 18), Weinwanderung in Sommerach (s. S. 23)

Frankenwein – eine Entdeckung! 10

Frankenwein, das ist Spitzenklasse und Gemütlichkeit. Wunderbarer Weingenuss und Tradition. Wenn Sie noch nie Silvaner, Kerner oder Spätburgunder aus Franken probiert haben, wird es Zeit. Am besten ganz authentisch bei einem der stimmungsvollen Weinfeste in Mainfranken oder direkt beim Winzer.

Wie Perlen an einer Kette reihen sich in Mainfranken die romantischen Weindörfer auf, in denen vor stimmungsvoller Kulisse von Frühjahr bis Herbst unzählige Weinfeste stattfinden, große und kleine, bekannte und echte Geheimtipps. Allen gemein ist, dass die einheimischen Winzer ihre Weine ausschenken und dass allerlei wohlschmeckende fränkische Spezialitäten serviert werden.

Die Grundlage für jeden Wein ist die Weinrebe, deren Sorten man als Rebsorten bezeichnet. Geschmack und Charakter eines Weines werden hauptsächlich durch die Rebsorte bestimmt, in geringerem Maße durch die Lage und deren Bodeneigenschaften sowie den Ausbau durch den Winzer. Jede Traubensorte besitzt charakteristische Aromen. Hier eine Übersicht der wichtigsten Rebsorten des fränkischen Weins:

Rebsorte	Aroma	Geschmack
Weißweine		
Silvaner	Walnussaroma	herzhaft, kräftig
Weißer Burgunder	nussiges Aroma	fruchtig
Müller-Thurgau	zarte Muskat- und Walnussnote	leicht, frisch
Riesling	Pfirsicharoma	frisch, rassig
Kerner	zartes Muskataroma	würzig, fruchtig
Bacchus	Rosen-Veilchen-Duft	aromatisch, fruchtig
Rotweine		
Blauer Spätburgunder	Waldbeere, Pflaumen, Mandeln	samtig, feinfruchtig
Schwarzriesling	Gewürzaroma	gerundet, fruchtig
Domina	Waldbeeraroma	kräftig, lebendig
Portugieser	zartfruchtig	leicht, mild

Anfahrt **Öffentlich:** Zug nach Schweinfurt, Bus 8160 Bus nach Gerolzhofen, Bus 9306 nach Michelau im Steigerwald. **Auto:** A 3 Ausfahrt Wiesentheid, B 286 Richtung Schweinfurt, Ausfahrt Gerolzhofen-Süd Richtung Untersteinbach/Dingolshausen, auf St 2274 abbiegen und bis Michelau fahren.

Informationen Sandra & Oliver Pfister, Neuhof 5, 97513 Michelau im Steigerwald, Tel. 09528/950208; www.steigerwald-bogen-parcours.de.

Preise Parcournutzung: Kinder (bis 8 Jahre, in Begleitung eines zahlenden Erwachsenen) kostenlos, Tageskarte für Jugendliche (bis 16 Jahre) 5 €, für Erwachsene 8 €; Familientageskarte (2 Erwachsene mit allen eigenen Kindern bis 18 Jahre) 20 €; weitere Preise auf Anfrage.

Robin Hood im Steigerwald

11

Sich einmal wie Robin Hood fühlen. In einer der urwüchsigsten Naturlandschaften Bayerns, dem Steigerwald, mit Pfeil und Bogen unterwegs sein. Durch den Wald schleichen, sich konzentrieren, zielen und dann treffen. Bogenschießen: eine Herausforderung für Jugendliche wie für Erwachsene.

Mit dem Bogen in der Hand und den Pfeilen im Korb geht's auf zum Einschießplatz. Dann wie früher als Kind den Bogen ziehen, anspannen, zielen und schießen. Dass Bogenschießen aber viel mehr ist, als nur auf eine Scheibe zu zielen, weiß jeder, der es schon einmal ausprobiert hat: Es geht vor allem darum, sich voll und ganz auf eine Sache zu konzentrieren, den Bogen richtig zu spannen, ganz ruhig zu werden … das ist fast wie Meditation. Sind Sie neugierig geworden? Dann probieren Sie dieses außergewöhnliche Erlebnis doch einfach mal aus. Sie werden begeistert sein nach diesem Tag in der Natur!

Im Steigerwalder Bogenparcours sind Sie richtig, denn er bietet Möglichkeiten für alle. Sollten Sie Anfänger sein, bekommen Sie zunächst eine kurze theoretische Einführung, und dann geht es an die Praxis. Lediglich mit Pfeil und Bogen ohne sonstige Hilfsmittel durchstreifen Sie die geheimnisvolle und bezaubernde Waldlandschaft des Steigerwalds und stellen bald fest, dass die intuitive Art des Bogenschießens Körper und Geist gleichermaßen fordert. Egal, ob Sie allein unterwegs sind oder in einer Gruppe in etwa zweieinhalb Stunden den Steigerwald rund um den Zabelstein mit seinen grünen Wiesen und zahlreichen Obstbäumen durchstreifen – Sie werden garantiert Ihren Spaß haben! Und falls Sie keinen eigenen Bogen besitzen, können Sie selbstverständlich gerne vor Ort einen passenden Bogen ausleihen. Für Kinder bis etwa neun Jahre hält man sogar spezielle Kinderbögen bereit.

ANTENNE BAYERN TIPP

Sie haben nach dem Bogenschießen Lust auf einen frisch gebrühten Kaffee und selbst gebackenen Kuchen? Das Café am Steigerwald-Erlebnishof hat an jedem ersten Wochenende im Monat geöffnet.

12 Geil: Deutschlands größter Kletterwald

Sie suchen neue Herausforderungen oder den absoluten Kick? Wollen Ihre Grenzen ausloten und sogar überwinden? Oder haben schon immer vom Klettern geträumt, es aber bisher noch nicht ausprobiert? Dann nichts wie los zum Kletterwald am See in Schweinfurt, einem gigantischen Abenteuerspielplatz mit Lerneffekt!

Schon der erste Blick auf den größten Kletterwald Deutschlands ist gigantisch: Auf einer Fläche von 30 Fußballfeldern wurden hier beeindruckende 45 Parcours in allen Schwierigkeitsgraden aufgebaut, mal als Hängebrücke in atemberaubender Höhe, mal als Balancierstangen knapp über dem Boden. Rund 300 verschiedene Elemente sorgen dafür, dass jeder auf seine Kosten kommt. Und egal, wo man klettert, ob auf dem einfachen Kinderparcours oder dem für Firmenteams – Sicherheit ist immer garantiert. Unter sachkundiger Anleitung der Trainer dürfen sich sogar schon Kinder ab drei Jahren als Kletterkünstler versuchen, und so manch Erwachsener hat hier seine Höhenangst überwunden.

ANTENNE BAYERN TIPP

Was könnte nach dem Klettern schöner sein, als sich auf der großen Liegewiese am nahe gelegenen Schweinfurter Badesee zu entspannen oder sich in seine Fluten zu stürzen? Und sogar Grillen ist hier erlaubt – nicht direkt am See, aber an extra ausgewiesenen Plätzen im angrenzenden Wald. Das perfekte Ausflugsvergnügen!

Anfahrt **Öffentlich:** Zug nach Schweinfurt, Linie 12 bis Rossmarkt, Linie 62 zum Kletterwald. **Auto:** B 286 Richtung Grafenrheinfeld, am See entlang bis zum Kletterwald.

Informationen Kletterwald am Schweinfurter Badesee, Röntgenstraße, 97424 Schweinfurt, Tel. 0151/50628302; www.kletterwald-am-see.de.

Preise Jeweils 3,5 Std. inkl. Einweisung (jede weitere Std. 10 €): Kinder (bis 12 Jahre) 13 €, Jugendliche (13–17 Jahre) 16 €, Erwachsene 20 €; Familientarife: 1 Erwachsener, 1 Kind 30 €, 2 Erwachsene, 1 Kind 45 €, 2 Erwachsene, 2 Kinder 50 € (Ausweise mitbringen); weitere Preise siehe Homepage.

DAS Weinfest in Unterfranken

13

Wenn Sie gern Frankenwein trinken, dann ist das Weinfest in Zeil am Main der richtige Tipp für Sie – es ist nicht nur das größte in Unterfranken, sondern nach Meinung von Kennern auch das schönste! Jedes Jahr am ersten Wochenende im August verwandelt sich der sonst beschauliche Weinort in eine große Feiermeile.

Von Freitag- bis Montagabend wird gegessen und getrunken, was das Zeug hält. Tausende Weinliebhaber kommen in diesen Tagen nach Zeil, um ausgelassen zu feiern. Die Vereine bauen Buden auf, an denen man die Weine der Region und fränkische Spezialitäten kosten kann.

Das alljährliche Weinfest folgt einer traditionellen Chronologie: Freitagabend stimmt ein Konzert des lokalen Gesangvereins auf das Fest ein. Am Samstag ziehen dann die Zeiler Kinder – als Weinstöcke, Weingeister, Bocksbeutel oder Weinbergschnecken verkleidet – mit den Winzern, Steinhauern und Trachtenkapellen zum Marktplatz. Dort eröffnet Festpatron »Abt Degen« offiziell das Weinfest – ein Brauch, welcher an den 1625 in Zeil geborenen späteren Abt Alberich Degen erinnert. Er führte die Silvaner-Rebe in Franken ein, weshalb ihn die Zeiler über 300 Jahre später zum Patron des Festes auserwählten. Den ganzen Tag über treten verschiedene Live-Bands auf, die Buden haben bis spätabends geöffnet.

Weiter geht's am Sonntag mit dem Frühschoppen, am Abend begeistert ein fulminantes Feuerwerk auf dem Kapellenberg. Am Montag brauchen auch die rüstigsten Festgänger eine kleine Pause, weshalb erst am Nachmittag die letzte Runde eingeläutet wird.

Anfahrt **Öffentlich:** Zug nach Nürnberg, Regionalzug nach Haßfurt, Regionalzug nach Zeil am Main. **Auto:** A 73 Ausfahrt Eltmann, auf der B 26 Richtung Ebelsbach/Zeil am Main bis Zeil am Main.

Informationen Tourist-Information »Grohehäuschen«, Marktplatz 5, 97475 Zeil am Main, Tel. 09524/94977; www.zeiler-weinfest.de.

14 Freitags-Rock in der kultigen Musikerkneipe

»Zum Välta« ist eine urige, wunderbar kitschige Kneipe im idyllischen Appendorf mit hauseigener Brauerei, dunklem Kellerbier und fränkischen Brotzeiten. Jeden Freitagabend rockt hier Wirt Edmund Fößel mit Musikern aus der Region – und der Clou ist, dass auch Gäste spontan auf die Bühne kommen und mitspielen dürfen!

Manche Gäste kommen von weiter her, denn die fetzigen Musikabende im »Välta« sind legendär! Jede Woche spielen hier bis zu 20 Hobbymusiker gemeinsam schmalzige Evergreens und rockige Oldies, »Stammspieler« ebenso wie spontane Gäste. Und alle rocken kräftig mit – auch dank des süffigen, hausgebrauten Kellerbiers und der deftigen fränkischen Küche.

Wenn Sie live dabei sein wollen, sollten Sie schon am späten Nachmittag kommen, denn die ca. 50 Plätze sind sehr schnell besetzt. Lassen Sie sich nicht von der etwas kitschigen Einrichtung abschrecken, den Wänden mit ihren unzähligen Wandtellern, Täfelchen und Urlaubsmitbringseln aus den 60er- und 70er-Jahren. Auch das Mobiliar ist schon etwas abgenutzt. Doch das tut der Stimmung keinen Abbruch! Zuvor sollten Sie einen Blick in den Nebenraum werfen, wo sich fast 500 Streich-, Blas-, Zupf- und Tasteninstrumente, darunter mehr als 260 Akkordeons, stapeln! Denn Wirt Edmund Fößel macht nicht nur leidenschaftlich gern Musik, sondern sammelt auch begeistert Musikinstrumente. Und die sind nicht nur zum Anschauen gedacht, sondern werden regelmäßig genutzt – an eben jenen legendären Freitagabenden, für die das »Välta« berühmt ist!

Anfahrt **Öffentlich:** Zug nach Bamberg, Bus 9109 zum Gemeindezentrum Kirchlauter, Bus 9110 nach Appendorf. **Auto:** A 73 Ausfahrt Breitengüßbach-Mitte, B 279 Richtung Ebern/Baunach, links auf St 2277 bis Appendorf.

Informationen Brauerei-Gasthaus Fößel-Mazour, Robert Mazour, Baunacher Str. 28, 96169 Appendorf, Tel. 09544/20390; www.brauerei-zum-vaelta.de.

Was für echte Männer: Monsterbaggerfahren 15

Als Kind sind Sie mit Bagger und Muldenkipper im Sandkasten gesessen und haben sich groß und stark gefühlt … Wie wäre es, als Erwachsener das Spielzeug von damals in Lebensgröße auszuprobieren? Beim Monsterbaggerfahren in Rattelsdorf bei Bamberg werden selbst raue Kerle wieder zum Kind – wetten wir?

Schon der erste Anblick ist beeindruckend: Ein gigantischer Riesenspielplatz für große Kinder – so schaut der Monsterbagger Freizeitpark aus. Nach einer kurzen Einweisung sitzen Sie schon allein in einem der riesigen Bagger. Und vielleicht stellen Sie fest, dass das Baggerfahren gar nicht so einfach ist, wie Sie immer dachten. Man benötigt viel Konzentration und jede Menge Fingerspitzengefühl. Doch bald klappt es schon ganz gut, und vor allem: Es macht mega viel Spaß!

Im Freizeitpark haben Sie die Wahl zwischen verschiedenen Angeboten, die Sie mit der Tageskarte nutzen können: Falls Sie mit kleineren Kindern kommen, können sich diese im Sandkasten mit Mini-Baggern erproben oder in Elektroautos ein paar Runden drehen. Auch die Spiel-Baustelle ist ein echter Hit! Den Großen vorbehalten ist der größte Bagger Deutschlands, der Demag H185 mit 200 Tonnen. Und auch die Action-Achterbahn, mit der es über Berg und Fluss geht, verlangt einiges an (Fahr-)Können! Wenn Sie noch mehr möchten, können Sie »Exklusivbaggern« und diverse Kombinationen buchen – lassen Sie sich überraschen!

Anfahrt **Öffentlich:** Zug nach Bamberg, Bus 957 nach Rattelsdorf. **Auto:** A 73 Ausfahrt Breitengüßbach-Nord, B 4 Richtung Rattelsdorf, über Alten Postweg zum Ziel fahren.

Informationen Monsterpark, Im Stock 11, 96179 Rattelsdorf, Tel. 09547/304 (werktags 9–13 Uhr) bzw. 09547/8735540 (am Wochenende 10–18 Uhr); www.monsterpark.de.

Preise Tageskarte 18 €, gültig für alle Fahrgeschäfte der Mini-Klasse. Wer schwereres Gerät bevorzugt, für den gibt es weitere Angebote, auch für Kinder.

Genau das Richtige für kleine und große Jungs:
ein Besuch im Monsterpark Rattelsdorf (siehe S. 31)

HITACHI

Anfahrt **Öffentlich:** Zug nach Bamberg. **Auto:** A 73 Ausfahrt Bamberg-Süd, Richtung Bamberg-Zentrum auf B 22 und St 2244, dann weiter auf St 2281 bis Bamberg.

Informationen Tel. 0951/15194 (Ger hard Mall) bzw. 0951/202050 (Maria Wunderlic www.sams-fuehrung-bamberg.de.

Preise Kinder 5 €, Erwachsene 7 €.

In Bamberg auf den Spuren des »Sams« 16

Es ist einfach zu witzig, das rüsselnasige Wesen mit den Wunschpunkten – die Rede ist vom »Sams«, erfunden vom Kinderbuchautor Paul Maar. Viele kennen das »Sams« auch aus den zwei Filmen, die hauptsächlich in Bamberg gedreht wurden. Machen Sie hier eine Stadtführung der besonderen Art: auf den Spuren des »Sams«.

Vor allem während der Schulferien stehen die Wochenenden in Bamberg ganz im Zeichen des fröhlichen Fabelwesens mit den blauen Wunschpunkten: Kinder und Erwachsene können dann auf eine unterhaltsame Stadtreise zu den Drehorten der beiden »Sams«-Filme gehen. Die Stadtführer Gerhard Mall und Maria Wunderlich sind echte »Sams«-Experten und wissen auf jede Frage eine Antwort, etwa: Wie zaubert das »Sams« um Mitternacht neue Wunschpunkte herbei? Wo ist der Wochenmarkt, auf dem sich Herr Taschenbier und das »Sams« zum ersten Mal getroffen haben? Und wie schaut das Haus von Frau Rotkohl und Herrn Taschenbier aus?

Ausgangspunkt der etwa zweistündigen Stadtführung ist der Eingang zur Alten Hofhaltung am Bamberger Domplatz – eifrigen »Sams«-Fans bestens bekannt. Auch andere Schauplätze, wie das Alte Rathaus und das Kloster Michaelsberg, liegen so nah beieinander, dass auch Kids alles problemlos zu Fuß bewältigen können. Außerdem erzählen die beiden Stadtführer so abwechslungsreich und witzig vom rüsselnasigen »Sams« und seinem Schöpfer Paul Maar oder von den Dreharbeiten, dass die Zeit wie im Flug vergeht. Vor allem, wenn sie ihren Zuhören sogar ein paar Filmtricks und Filmgeheimnisse rund ums »Sams« verraten! Überhaupt ist es sehr lustig, was sich dieses kleine Wesen so alles einfallen lässt und welches Chaos es im wohlgeordneten Leben des biederen Bruno Taschenbier anrichtet!

Die Führung findet bei jedem Wetter statt; denken Sie also an geeignete Kleidung, Regen- oder Sonnenschutz und Proviant für den Nachwuchs – dann wird die »Sams«-Führung garantiert ein großer Spaß!

Anfahrt **Öffentlich:** Zug nach Bamberg. **Auto:** A 73 Ausfahrt Bamberg-Süd, Richtung Bamberg-Zentrum auf B 22 und St 2244, dann weiter auf St 2281 bis Bamberg.

Informationen GuideMedia GbR, Markus Raupach & Bastian Böttner, Grüner Markt 15, 96047 Bamberg, Tel. 0951/5194166 bzw. 0179/1327377; www.bierkennertour.de.

Preise Je nach Angebot u. Dauer pro Person von 29 € (Bierseminar) bis zu 79 € (ganzer Tag, 6 Brauereien).

Auf Bierkennertour in Bamberg

17

Wussten Sie, dass sich im Bamberger Land mehr Brauereien konzentrieren als irgendwo sonst auf der Welt? Allein in Bamberg selbst gibt es neun Brauereien! Sie den Gästen der Stadt zu zeigen, ist das Ziel der launigen »Bierkennertouren«, die Bierprobe, Brauereiführung und kurzes Bierseminar in einem sind.

Dass es den Bambergern ernst ist mit ihrem Bier, beweist die Tatsache, dass die Stadt jedes Jahr am 23. April den »Tag des Bieres« begeht – an diesem Tag im Jahr 1516 erließ Herzog Wilhelm IV. von Bayern das bayerische Reinheitsgebot. Doch in Bamberg galt es bereits seit 1489! Schon damals hatte Fürstbischof Heinrich III. angeordnet, dass für ein gutes Bier »nichts mehr zu nehmen sei denn Hopfen, Malz und Wasser«. Da können die Bamberger also mit Fug und Recht stolz auf ihre Tradition als Bierbrauer und Bierkenner sein!

Wenn auch Sie gern gutes Bier trinken und sich für die traditionelle Herstellung des köstlichen Gerstensaftes interessieren, dann sind Sie in Bamberg richtig. Statt der üblichen Weinproben können Sie eine mehr oder weniger umfangreiche Bierprobe machen: Die Bamberger Bierkennertour ist ein amüsanter Streifzug durch die großen und kleinen Brauereien der Stadt. Weil sie alle so schön nah beieinander liegen, ist man zu Fuß unterwegs und genießt sozusagen nebenbei die Schönheit der Bamberger Altstadt.

Die Bierexperten Markus Raupach (der sogar mit dem Bamberger Bierorden ausgezeichnet wurde) bzw. Bastian Böttner haben jede Menge Wissenswertes, aber auch Amüsantes über Bier im Allgemeinen und Bamberger Bier im Besonderen zu erzählen. Beim Besuch der Brauereien steigen Sie hinab in kühle Bier-Katakomben und schauen den Braumeistern bei ihrer Arbeit zu. Natürlich wird danach das hauseigene Bier verkostet – auch das berühmte Bamberger Rauchbier darf nicht fehlen. Und: Haben Sie schon mal Bierschnaps getrunken? Falls nein – auch der steht auf der Getränkekarte!

Anfahrt **Öffentlich:** Zug nach Bad Rodach. **Auto:** A 73 Ausfahrt Coburg, zunächst auf B 4, dann auf St 2205 und CO 4 bis Bad Rodach.

Informationen Am Rundgang des Nachtwächters können Sie jeden Donnerstag (Mai–Sept.) ab 20 Uhr kostenlos teilnehmen. Gästeinformation Bad Rodach, Schlossplatz 5, 96476 Bad Rodach, Tel. 09564/1550; www.bad-rodach.de.

Mit dem Nachtwächter durch dunkle Gassen 18

Sie kennen ihn vielleicht aus alten Filmen: den Nachtwächter, der nachts durch die dunklen Gassen einer Stadt patrouillierte und für Ruhe und Ordnung sorgte. Im beschaulichen Bad Rodach können Sie einen »echten« Nachtwächter auf seinem Rundgang begleiten – oder einen Kurs besuchen und selbst zum Nachtwächter werden!

Wie eine Reise in die Vergangenheit fühlt sich der Ausflug mit dem Nachtwächter an: Seit dem Mittelalter sorgte er innerhalb der Stadtmauer zwischen 22 und 4 Uhr für Ruhe und Ordnung, musste Diebe stellen und Feuer melden. Sobald die Turmuhr zur vollen Stunde schlug, gab er mit seinem Horn Signal und ließ seinen Nachtwächter-Ruf ertönen. Auch das Anzünden der Petroleumlampen und später der Straßenlaternen gehörte zu seinen Pflichten.

Obwohl der Nachtwächter so wichtige Aufgaben erfüllte, zählte seine Arbeit zu den unehrenhaften Berufen. Dabei war der Dienst beileibe nicht ungefährlich, denn auf seinen nächtlichen Rundgängen hatte es ein Nachtwächter immer wieder mit Dieben, Betrunkenen und anderem Gesindel zu tun. Zu seinem Schutz war er daher mit einer stattlichen Hellebarde ausgerüstet, im Volksmund »Nachtwächterspieß« genannt. Zu besonderen Anlässen verfasste der Nachtwächter auch Verse, um der Obrigkeit ungestraft die Meinung des Volkes mitzuteilen. Daran knüpft bis heute der Brauch der Bad Rodacher Nachtwächter an, jeden Auftritt mit neuen Versen zu gestalten. Seit 1982 gibt es die Nachtwächter in Bad Rodach übrigens wieder, sie können also bereits ihr 30-jähriges Jubiläum feiern!

ANTENNE BAYERN TIPP

Sie sind fasziniert vom Beruf des Nachtwächters? Dann besuchen Sie im Sommer 2012 das einwöchige Nachtwächterseminar. Kurse in Rhetorik, im Singen, Hornblasen und Reimen stehen ebenso auf dem Programm wie die Geschichte der Nachtwächter sowie Stadt- und Landeskunde – und zur Entspannung geht's auch mal in die Therme. Nach bestandener Prüfung bekommen Sie ein offizielles Zertifikat – und dürfen ab sofort in Bad Rodach als Nachtwächter auftreten, sowohl regelmäßig als auch im Urlaub.

Anfahrt **Öffentlich:** Zug nach Coburg. **Auto:** A 73 Ausfahrt Untersiemau, zunächst auf B 289 Richtung Coburg-Süd/Bad Colberg-Heldburg/Seßlach, dann auf B 4 bis Coburg.

Informationen Termine der folgende Jahre siehe Homepage; www.samba-festival.de

Preise Tages-Ticket (an der Tageskasse): Freitag 18 €, Samstag 20 €, Sonntag 10 €; 3-Tag Ticket (online) 18 €; Kinder bis 12 Jahre frei.

Coburg, eine Stadt im Samba-Fieber 19

Die ganze Innenstadt von Coburg eine einzige Samba-Partymeile – und das drei Tage lang im Juli! 100 Samba-Gruppen und 3000 Sambistas aus zehn Ländern, temperamentvolle Trommler, schöne Tänzerinnen in farbenprächtigen Kostümen, fantasievolle Shows, Straßen-Samba aus Brasilien – das »fränkische Rio« pulsiert!

Samba-Feeling mitten in Bayern, das ist ein echtes Erlebnis! Was 1992 noch klein begonnen hatte, zieht jetzt 200 000 Besucher an – lassen Sie sich mitreißen von pulsierenden Rhythmen, unglaublichen Tänzerinnen und durchtrainierten Capoeiristas mit ihrer Mischung aus Kampfsport, Musik und Tanz. Vom 13. bis 15. Juli geht es auch im Sommer 2012 wieder hoch her beim Samba-Festival in Coburg.

Partystimmung ist garantiert, wenn die lebenslustige Brasilianerin Bê Ignacio mit ihrem persönlichen Mix aus Bossa Nova, Samba, Musica Popular do Brasil und Pop und Funk die Menge anfeuert. Für Summer-Feeling sorgt die brasilianische Band »Banda 5 %«, die auf unvergleichliche Weise Musik aus Salvador da Bahia mit Samba-Reggae verbindet. Spektakulär ist auch die Samba-Show von Nice Ferreira mit Live-Musik und tollen Tänzerinnen und Capoeiristas. Und auch weitere Top-Promis wie Fernanda Brandao, attraktives Jurymitglied der bekannten Casting-Show »Deutschland sucht den Superstar«, oder Motsi Mabuse, temperamentvolle Tanzpartnerin von Guildo Horn und Rolf Scheider bei der RTL-Show »Let's Dance«, haben ihre Teilnahme im Juli angekündigt.

Nicht weniger lebhaft geht es beim Tanzwettbewerb zu, und alle sind gespannt, wer dieses Jahr den Schönheitswettbewerb gewinnt. Oder wie wäre es mit einem der Workshops, die beim Samba-Festival angeboten werden? Zur Auswahl stehen Capoeira, Tanz, Percussion und Zumba-Masterclass.

ANTENNE BAYERN TIPP

Das Festival unterstützt nach dem Motto »Hilfe zur Selbsthilfe« auch verschiedene Projekte für Straßenkinder in Brasilien. Mit dem Kauf des Programmheftes geht pro Heft ein Euro an die Kinderprojekte.

Anfahrt **Öffentlich:** Zug nach Kulmbach, 5 Min. Fußweg zum Festzelt. **Auto:** A 9 Ausfahrt Bayreuth/Kulmbach, auf A 70 Richtung Kronach/Bamberg/Kulmbach, bei Ausfahrt Kulmbach/Neudrossenfeld auf B 85 bis Kulmbach.

Informationen Tischreservierungen sind ab 2. Mai unter Tel. 09221/705326 möglich, aber nicht unbedingt notwendig; www.kulmbacher.de. Termine der nächsten Festwochen siehe Homepage.

Das Oktoberfest der Oberfranken 20

Ein großes Festzelt in der malerischen Altstadt von Kulmbach, darüber die stolze Plassenburg, von vormittags bis spätabends gute Stimmung und fetzige Musik, süffiges fränkisches Bier und frische Rostbratwürstel – und das alles zu reellen Preisen! Was es hier nicht braucht, sind teure Fahrgeschäfte.

Im Sommer 1939 wurde in Kulmbach die erste Kulmbacher Bierwoche gefeiert, das – wie die Franken sagen – »reinrassigste« Bierfest überhaupt. Wegen des Zweiten Weltkriegs hielt man die zweite Kulmbacher Bierwoche erst wieder 1950 ab, und seitdem herrscht alljährlich für neun Tage ausgelassener Ausnahmezustand in der ansonsten eher beschaulichen Stadt. Jahr für Jahr lockt die Bierwoche rund 120 000 Besucher an, natürlich die Kulmbacher selbst, aber ebenso viele Gäste aus dem Umland oder von weiter her.

Im Sommer 2012 geht es am 28. Juli pünktlich um 9 Uhr los mit dem festlichen Umzug der Fan-Clubs der vier Brauereien und den traditionellen Kärwagruppen. Festlich geschmückte Wagen in fränkischer Tradition, aber auch witzige Fantasie-Vehikel ziehen mit Marschmusik durch die Altstadt zum Festplatz.

Dort ist bis zum 5. August ordentlich was geboten: Rund um das »Bierstadl« sind zahlreiche Stände aufgebaut, an denen die berühmten Kulmbacher Rostbratwürste, aber auch Hendl, Laugenbrezen, Fischsemmeln, saures Lüngerl und »Ausgstraafta« (rohe Bratwurst auf Brot gestrichen) und vieles mehr angeboten werden. Wem es im Zelt zu trubelig ist, der kann sein Bier auch an den Bänken und Tischen davor an der frischen Luft genießen – die Live-Musik und die fröhliche Stimmung aus dem Bierzelt kriegt man trotzdem mit! Im Zelt steht Bierbank an Bierbank, Tisch an Tisch und mittendrin das Podium für die Musik. Traditionell werden vier Biere ausgeschenkt: das hopfenkräftige Kulmbacher, das weichere Mönchshof, das angenehm bittere EKU und das süffige Kapuziner Weißbier. Welches ist Ihr Favorit?

Anfahrt **Öffentlich:** Zug nach Pegnitz, Bus 389 zur Teufelshöhle. **Auto:** A 9 Ausfahrt Pegnitz, B 470 Richtung Pegnitz, dann Richtung Pottenstein, Parkplatz an der B 470.

Informationen Tourismusbüro Pottenstein, Forchheimer Straße 1, 91278 Pottenstein, Tel. 09243/70841; www.teufelshoehle.de.

Preise Eintritt u. Führung: Kinder (4–15 Jahre) 2,50 €, Erwachsene (ab 16 Jahre) 4,50 €, Familienkarte (Eltern u. mind. 2 eigene Kinder) 12 €.

Die Teufelshöhle – das »Tor zur Unterwelt« 21

Früher glaubten die Menschen, der Höhleneingang führe direkt in die Hölle – so kam die Teufelshöhle, eine der größten Höhlen in der Fränkischen Schweiz, zu ihrem Namen. Heute startet hier die spektakuläre Führung, bei der rund 10 000 LED-Leuchten die faszinierende Innenwelt der Höhle ins rechte Licht rücken.

Was ist das? Ein gigantischer Baum unter der Erde? Bei genauerem Hinsehen erkennt man ein riesiges Tropfsteingebilde, dessen Form einem Baum verblüffend ähnelt. Auch andere Tropfsteine in der Teufelshöhle haben besondere Formen: Wie stellen Sie sich den »Riesen Goliath« oder die »Papstkrone« vor? Beeindruckend sind nicht nur ihre Formen, sondern auch ihr Alter. Rechnen Sie einmal hoch: In 13 Jahren (!) wächst solch ein Tropfstein gerade mal einen Millimeter!

Einer der Scheinwerfer beleuchtet das mächtige Skelett eines Höhlenbären, der vor über 30 000 Jahren hier gelebt hat. In dieser Bärenhöhle fand man außerdem Fossilien von Wisenten, Elchen, Höhlenhyänen, Pfeifhasen, Schneehasen, Eisfüchsen und vielen weiteren Tieren – offenbar war hier in frühgeschichtlicher Zeit jede Menge los!

Um die Teufelshöhle zu erkunden, sollten Sie auf alle Fälle festes Schuhwerk anziehen und die zahlreichen Stufen in die Tiefe nicht scheuen. Und packen Sie eine warme Jacke ein, denn die Temperatur in der Höhle beträgt ganzjährig lediglich an die neun Grad Celsius. Dann kann die spannende Reise in die frühe Erdgeschichte losgehen. Die Teufelshöhle besteht aus drei Stockwerken. Unzählig viele Stollen und Schächte verbinden die einzelnen Säle, Grotten und Schluchten. Lassen Sie sich überraschen, was sich hinter so klangvollen Namen wie »Barbarossadom«, »Nibelungengrotte«, »Zankenhöhle« oder »Hexenschlucht« verbirgt!

ANTENNE BAYERN TIPP

Wenn Sie noch mehr von der Fränkischen Schweiz entdecken möchten, finden Sie in unmittelbarer Nähe, auf der »Pottensteiner Erlebnismeile«, eine Sommerrodelbahn, einen Felsengarten und andere Attraktionen.

Anfahrt **Öffentlich:** Zug nach Weidenberg, Bus 369 zur Ochsenkopf Talstation Süd. **Auto:** A 9 Ausfahrt Bad Berneck/Himmelkron, B 303 Richtung Bad Berneck, weiter auf BT 4 bis Warmensteinach/Ochsenkopfhaus.

Informationen Ziplinepark Ochsenkopf, Ochsenkopf Talstation Süd/Bullheadhouse, Fleckl 13, 95485 Warmensteinach, Tel. 09244/ 982499 bzw. 0151/12133991; www.ziplinepark.info.

Preise Jugendliche (ab 12 Jahren) u. Studenten (Ausweis!) 27 € inkl. Bergfahrt Sessellift, Erwachsene 29 € inkl. Bergfahrt Sessellift; Familien: Pro voll zahlendem Erwachsenen 1 angehörender Jugendlicher zum halben Preis.

Am Seil in die Tiefe – Adrenalin pur! 22

An steilen Seilstrecken, den Ziplines, per Seilrollen in rasantem Tempo bergab fahren. An Baumplattformen in über 20 Meter Höhe kurz durchatmen und sich auf den nächsten Adrenalinkick vorbereiten. Und das auf rund zwei Kilometer Länge und an bis zu 460 Meter langen Ziplines. Wo es das gibt? Im Ziplinepark am Ochsenkopf!

Im Winter ist der Ochsenkopf ein Skigebiet. Doch auch im Sommer können Sie sich hier an 15 Seilstrecken, den sogenannten Ziplines, entlang der Skiabfahrt Süd und in der Nähe des Sessellifts in die Tiefe stürzen – natürlich nach vorheriger Einweisung und unter Aufsicht ausgebildeter Guides. Ein Vergnügen, das einzigartig ist, denn hier am Ochsenkopf befindet sich der erste Ziplinepark in ganz Deutschland.

Treffpunkt ist an der Talstation Ochsenkopf Süd. Von dort fahren Sie mit dem Sessellift bergauf zum Einstieg auf über 1000 Meter Höhe. Ein Guide legt Ihnen die aufwendige Sicherheitsausrüstung an und zeigt Ihnen, wie Sie sich sichern müssen. Die Spannung steigt. In der Übungsseilbahn erklärt er Ihnen die Regeln, Ihr Herz klopft schneller. Und dann heißt es: sichern, einen Blick in die Tiefe werfen und – abspringen! Adrenalin pur! Gleich das erste Stück hat es in sich, denn das Gelände ist ziemlich steil, da erreicht man ordentlich Tempo! Aber keine Sorge, falls Sie zu schnell werden, bremst der Guide ab.

Immerhin waren Sie bislang gerade noch relativ nahe am Boden. Doch das ändert sich ab jetzt: Das Gelände wird flacher, Sie verlieren an Tempo – dafür geht es nun ziemlich in die Höhe, und plötzlich bewegen Sie sich zwischen den hohen Fichten … eine völlig neue Perspektive auf den Wald und die Natur!

Im letzten Teilstück der insgesamt rund zwei Kilometer langen Strecke verläuft die Trasse wieder in Richtung Sessellift. Und wenig später endet die außergewöhnliche Nervenzerreißprobe auch schon beim Parkplatz Talstation Süd. Na, wie sieht es aus? Haben Sie Lust auf eine neue Runde oder schlackern Ihnen die Knie?

Anfahrt **Öffentlich:** Regionalbahn von Weiden nach Wunsiedel. **Auto:** A 93 Ausfahrt Marktredwitz-Nord, auf B 303 Richtung Marktredwitz, auf St 2177 Richtung Wunsiedel, auf St 2665 bis Wunsiedel.

Informationen Tourist-Information Wunsiedel, Jean-Paul-Straße 5, 95632 Wunsiedel Tel. 09232/602162; www.luisenburg-aktuell.de.

Preise Je nach Tageszeit u. Veranstaltung 6,50 bis 39 €.

Deutschlands älteste Freilichtspiele

23

Das spektakulärste Bühnenschauspiel Bayerns, die ältesten Freilichtspiele Deutschlands mit über 150 000 Zuschauern pro Saison: Das sind die Luisenburg-Festspiele in Wunsiedel mit einer Fels- und Berglandschaft als natürlichem Bühnenbild. Außergewöhnlich und brillant. So macht Theater einfach Spaß!

Da ist es (beinahe) egal, welches Stück Sie sich in Wunsiedel anschauen – allein schon das Ambiente bleibt unvergesslich. Ob Sie einen neu aufgelegten Klassiker wie Shakespeares *Romeo und Julia* bevorzugen oder lieber ein zeitgenössisches Stück vom Tiroler Erfolgsautor Felix Mitterer (Wast – Wohin?): Die Kulisse der Luisenburg-Naturbühne ist einzigartig, vor allem am Abend, wenn die Lichteffekte noch zum Tragen kommen. Besonders beliebt sind natürlich auch die Vorstellungen für Kinder und Familien, wie in diesem Jahr das Musical *Ritter Kamembert*! Hier wird aber nicht nur Theater gespielt, es finden auch regelmäßig Konzerte statt. Hinzu kommen Gastspiele populärer Operetten und Opern, etwa *Der Freischütz* von Carl Maria von Weber.

Beeindruckend ist die lange Historie dieser Freilichtbühne: Bereits im Jahr 1692 wurden erste »Schauspiele« auf der Luisenburg erwähnt, und von 1730 bis 1766 fanden auf dem Margarethenstein in der Nähe des heutigen Apfelbrunnens erste Schulaufführungen statt. Ab dem Jahr 1790 wurde das Felsenlabyrinth erschlossen, und 1794/1795 kamen die ersten Singspiele auf die Bühne. Seit 1914 werden die Luisenburg-Festspiele ausschließlich von professionellen, renommierten, teilweise prominenten Schauspielern bespielt. Eine Tradition und Qualität, auf die man auf alle Fälle stolz sein kann!

ANTENNE BAYERN TIPP

Wie wäre es, wenn Sie den Besuch der Luisenburg mit einem Abstecher zum Greifvogelpark auf dem Katharinenberg in Wunsiedel verbinden würden? Dort erleben Sie täglich um 15 Uhr eine großartige Flugvorführung mit verschiedenen Greifvögeln. Über 50 Vögel – darunter mehr als 20 verschiedene Arten wie Steppenadler, Weiße Kanada-Uhus und Truthahngeier – haben hier eine neue Heimat gefunden.

Anfahrt **Öffentlich:** Zug nach Wiesau/Oberpfalz, dort weiter mit Bus 6267 nach Bärnau. **Auto:** A 93 bis Ausfahrt Neustadt/Bärnau, weiter Richtung Plößberg, dort Richtung Bärnau. In Heimhof rechts nach Bärnau fahren.

Informationen Geschichtspark Bärnau-Tachov, Naaber Straße 5, 95671 Bärnau, Tel. 09635/9249975; www.geschichtspark.de.

Preise Kinder (ab 6 Jahre) 3 € (ab 2013 3,50 €), Erwachsene 4,50 € (ab 2013 6 €).

Einmal quer durchs Mittelalter 24

Geschichte, wie langweilig … Aber nicht im Mitmach-Geschichtspark Bärnau-Tachov im Landkreis Tirschenreuth, der seine Besucher zu einer faszinierenden Zeitreise ins Mittelalter einlädt! Und die Attraktion: Hier können Sie selbst aktiv werden und beim Aufbau des noch im Wachsen befindlichen Parks mit Hand anlegen!

Neugierig geworden? Wenn es Sie reizt, Geschichte mitzugestalten und beim Aufbau dieses einzigartigen Parks dabei zu sein, packen Sie doch einfach mit an! Unter der Leitung von Archäologen und anderen Fachleuten und je nach Können bei leichteren Arbeiten oder bei anspruchsvolleren Zimmereitechniken. Sie können aber auch einfach als Besucher hierherkommen und auf dem weitläufigen Freigelände Geschichte auf völlig neuartige Weise »erwandern« und erleben: Während Ihrer Rundtour legen Sie sozusagen 300 Jahre Mittelalter zurück.

Den Anfang bildet ein slawischer Weiler aus dem Frühmittelalter. Im Mittelpunkt der Siedlung steht das Langhaus, in dem der mächtigste Mann des Ortes lebte und das auch als Versammlungsraum diente. Um dieses herum gruppieren sich mehrere kleinere Häuser. Fällt Ihnen auf, dass sie alle keine Kamine haben? Der Rauch zog nämlich durch die Öffnungen an den Giebelseiten ab.

Weiter geht es zur nächsten Station, einer Turmhügelburg, wie sie in der Folgezeit in größeren Ortschaften oder an wichtigen Übergängen gebaut wurde, um diese vor feindlichen Überfällen zu schützen. Unter ihrem Schutz befand sich außerdem eine erste Kirche, Zeichen der neuen Religion. Im Hochmittelalter, der nächsten Station, waren die Häuser schon deutlich besser ausgearbeitet, hatten Fenster mit pergamentbespannten Rahmen. Der Mittelpunkt des Dorfes war in dieser Zeit aber die Schenke – dort traf man sich, dort kehrten Händler und Reisende ein.

Vielleicht beenden Sie Ihren Besuch im gemütlichen Biergarten des Geschichtsparks und lassen die zahlreichen Eindrücke noch einmal Revue passieren?

25 Baden im reinsten Trinkwasser

Ein ganz besonderes Hallenbad gibt es im Oberpfälzer Wald, und zwar in der Ortschaft Moosbach. Hier brennen keine Augen und rot werden sie auch nicht. Denn das Hallenbad kommt vollkommen ohne Chlor aus. Das ist garantiertes Badevergnügen – durch keimfreies Ozon-Wasser …

Auch wenn das Moosbacher Hallenbad von außen fast noch so aussieht wie früher, ist es top saniert. Im Sommer 2010 erhielt es ein neues Lüftungssystem, neue Fenster, eine neue Fassade und ein komplett neues Dach. Seitdem beträgt die Wassertemperatur durchgängig 28, an den Warmbadetagen freitags und samstags sogar 31 Grad. Und das Wasser hat Trinkwasserqualität! Sie müssen es zwar nicht gleich trinken … es reicht auch, dass Ihre Augen beim Schwimmen nicht gereizt werden und Sie keinen unangenehmen Chlorgeruch wahrnehmen. Stattdessen ist das Badewasser optimal mit Sauerstoff angereichert. Was angenehm für Haut und Schleimhäute ist, führt auch zu einer schnelleren Abtötung von Krankheitserregern – und das bei einem wesentlich geringeren Einsatz von Chemikalien. Das ist Wellness pur! Und wenn Ihnen der Sinn nach Action steht: Es gibt auch einen drei Meter hohen Sprungturm!

ANTENNE BAYERN TIPP

Moosbach hat sich ganz auf Wellness-Urlauber eingestellt und bietet diverse attraktive Specials, zum Beispiel in Kombination mit einer Yoga-Stunde oder einer Hot-Stone-Rückenmassage.
Verführerische Angebote finden Sie unter www.moosbach.de.

Anfahrt **Öffentlich:** Zug nach Weiden, Bus 6291 nach Moosbach. **Auto:** A 6 Richtung Prag, Ausfahrt Pleystein, Richtung Georgenberg/Moosbach/Lohma fahren, auf St 2160 bis Moosbach.

Informationen OZON-Hallenbad Moosbach, Schulstraße14, 92709 Moosbach, Tel. 09656/440 bzw. 09656/92020; www.moosbach.de.

Preise Jugendliche (bis 18 Jahre) 1,50 €, Erwachsene 3 €.

Anfahrt **Öffentlich:** Zug nach Erlangen, Bus 203 nach Höchstadt a. d. Aisch. **Auto:** A 3 Ausfahrt Höchstadt-Ost, auf B 470 und St 2263 nach Höchstadt a. d. Aisch fahren.

Informationen Stadtverwaltung Höchstadt, Abteilung Fremdenverkehr, Marktplatz 5, 91315 Höchstadt a. d. Aisch, Tel. 09193/626129; www.hoechstadt.de, www.karpfenland-aischgrund.eu.

Seit 500 Jahren lecker: Aischgründer Karpfen

26

Schon die Mönche im Mittelalter züchteten im Aischgrund in Mittelfranken Karpfen, um besser über die damals monatelange Fastenzeit zu kommen. Heute befindet sich rund um Höchstadt an der Aisch das größte zusammenhängende Teichgebiet Deutschlands, und dort dreht sich alles um den berühmten Aischgründer Karpfen.

Möchten Sie gerne einmal zusehen, wie nach dreijähriger Aufzucht die bis zu 1,3 Kilogramm schweren Karpfen aus dem Wasser geholt werden? Dann kommen Sie nach Höchstadt, dem Tor zum Steigerwald in Mittelfranken. Die über 1000 Jahre alte Stadt mit ihren alten Fachwerkhäusern und dem weithin sichtbaren, mächtigen Schloss ist eines der Zentren der fränkischen Karpfenzucht. Das merken Sie schon bei der Anfahrt: Am Kreisverkehr steht das Wahrzeichen von Höchstadt, der riesige steinerne Karpfen »Fridolin«. Und rund um die Stadt, die sich rechts und links der Aisch erstreckt, gibt es über 2000 (!) Karpfenweiher. Das lokale Tourismusbüro vermittelt Ihnen gerne den Kontakt zu einem der vielen Karpfenzuchtbetriebe.

Voraussetzung ist allerdings, dass Sie in den Monaten mit »r« nach Höchstadt kommen, denn die Karpfensaison geht von September bis April. In dieser Zeit kommt der Aischgründer Spiegelkarpfen, wie die besondere Art heißt, die hier seit über 500 Jahren gezüchtet wird, fangfrisch auf den Teller.

Zahlreiche Gaststätten bieten den begehrten Fisch in vielfältigen Zubereitungsarten an. Die Klassiker sind knusprig gebacken oder »blau«, doch auch neue Kreationen stehen auf so mancher Speisekarte: Fischsuppe, pikante Karpfenpastete, Karpfenroulade, Karpfengeschnetzeltes oder sogar – ganz modern – Karpfen-Sushi. Die Franken selbst verzehren die regionale Köstlichkeit mit Leidenschaft – und die müssen es ja wissen, sind sie doch Profis, was die Karpfen betrifft. Jahr für Jahr werden hier an die 750 Tonnen Karpfen verspeist, das entspricht etwa 1,2 Millionen Portionen!

27 Fürther Ronhof: Fußball hautnah

Bis 1963 gehörte die Spielvereinigung Fürth zu den besten Fußballmannschaften in Deutschland. Außerdem hatte sie damals schon das ultimative Stadion: nah dran am Geschehen, man hört die Kommandos der Spieler (und auch ihr Schimpfen). Nun ist dieser sympathische Verein auch noch in die 1. Liga aufgestiegen. Da müssen Sie mal hin!

Dieses einzigartige Fußballstadion ist eines der letzten in Deutschland mit Charakter. Hier erlebt man Fußball hautnah, sitzt nah am Spielfeld, hört die Spieler schreien und schimpfen. Wen stört es da, dass kein Tribünenteil aussieht wie das andere? Dass auf der Haupttribüne einige Plätze nicht verkauft werden können, weil zwei Stahlträger die Sicht behindern? Das Stadion war vom Einsturz bedroht gewesen, das Geld knapp …

Zur Einweihung 1910 (!) spielte Fürth gegen den damaligen Meister Karlsruhe. Nach dem Ersten Weltkrieg wurde der Ronhof ausgebaut, um 1920 war er das größte deutsche Fußballstadion. 1926 gewann man gegen Barcelona. Wieder wurde ausgebaut. Im Zweiten Weltkrieg zerstörte eine Bombe die Tribüne, 1951 wurde die neue eingeweiht. Doch mit dem sportlichen Abstieg kamen finanzielle Probleme … das Stadion verfiel. Das änderte sich 1996: Aus dem Ronhof wurde das »Playmobil-Stadion«, die Südkurve wurde errichtet, Flutlicht und weitere Ausbauten kamen dazu. Erneuter Wechsel: Seit 2010/2011 heißt es Trolli ARENA, und das auch nicht mehr lange: 2012 soll der Bau eines neuen Stadions beginnen. Eine tolle Sache – wenn die Fans nicht so am Ronhof hängen würden. Also nicht warten, Tickets kaufen – und in der 1. Liga Daumen drücken!

Anfahrt **Öffentlich:** Zug nach Fürth. **Auto:** A 73 Ausfahrt Fürth-Stadtmitte/Fürth-Südstadt, der Ausschilderung Stadtmitte/Grüne Halle folgen.

Informationen SpVgg Greuther Fürth, Laubenweg 60, 90765 Fürth, Tel. 0911/9767680; www.greuther-fuerth.de.

Preise Kinder (bis 13 Jahre) 5–16 €, Erwachsene 10–24 €.

Radiomuseum: Zeitreise durch 90 Jahre

28

»This is Radio Munich, a station of the Military Government.« Seit Mai 1945 gibt es wieder ein freies bayerisches Radio – aus einem Notstudio in Ismaning. Heute sendet aus Ismaning Deutschlands meistgehörter privater Radiosender: ANTENNE BAYERN. In spannenden Ausstellungen können Sie auf Radio-Zeitreise gehen.

Radio war nicht immer so mobil wie heute. Fasziniert waren die Menschen aber von Anfang an von diesem Medium – und bis heute hören viele Fußball-Begeisterte lieber die Sportreportagen im Radio, weil sie viel direkter sind als TV-Bilder.

Der erste deutsche Sender strahlte sein Programm im Oktober 1923 in Berlin aus; in den 30er-Jahren stand dann in fast jedem Haushalt ein sogenannter »Volksempfänger«. Nach dem Krieg hatte Radiohändler Max Grundig eine hervorragende Idee: Er entwickelte den »Heinzelmann«, einen Radio-Baukasten, und wurde schnell einer der ganz Großen der Branche.

Das Rundfunkmuseum ist wie eine Zeitreise. Geschichte und Technik verbinden sich auf spannende Weise mit einem Medium, das uns bis heute informiert, unterhält und begeistert.

ANTENNE BAYERN TIPP

In Niederbayern gibt es ein zweites, kleines Radiomuseum. In Rottenburg an der Laaber haben die »Radiofreunde Rottenburg« viele historische Ausstellungsstücke zusammengetragen, zum Beispiel auch frühere Plattenspieler und einen Phonographen von Thomas Edison. Besichtigung am ersten und dritten Sonntag im Monat und auf Anfrage, Tel. 0871/1432871.

Anfahrt **Öffentlich:** Zug nach Fürth, U 1 Richtung Hardthöhe. **Auto:** A 73 Ausfahrt Kreuz Nürnberg-Hafen, Richtung Nürnberg-Centrum/Würzburg/Bamberg, auf N 4 Ausfahrt Fürther Straße, rechts in Kurgartenstraße.

Informationen Rundfunkmuseum der Stadt Fürth, Kurgartenstraße 37, 90762 Fürth, Tel. 0911/7568110; www.rundfunkmuseum.fuerth.de.

Preise Kinder u. Jugendliche (6–17 Jahre) 3 €, Erwachsene 4 €; Familienkarten: 1 Erwachsener u. bis 2 Kinder 7 €; 2 Erwachsene u. bis 4 Kinder 9 €.

Eine Zeitreise in die Welt des Rundfunks bietet das Radiomuseum Fürth (siehe S. 57).

UTSCHLAND
Glückwunsch des Zentralkomitees der KPdSU und des Sowjetstaates
TELEFUNKEN
Sparkauf
TELE FUN KEN
Ein neuer Weg zum geschäftlichen Erfolg!

Anfahrt **Öffentlich:** Zug nach Neunkirchen am Sand; Anruf-Linien-Taxi ALT 342 Richtung Hormersdorfer Hauptstraße/Schnaittach (mind. 60 Min. vor Abfahrt unter 0171/1776455 bestellen, Bedienungsbesonderheiten an Feiertagen! Info unter Tel. 0911/9897810). **Auto:** A 9 Ausfahrt Schnaittach Richtung Gräfenberg, auf St 2236 über Frohnleitener Straße nach Schnaittach.

Informationen Bikepark Osternohe, Igelweg 2 A, 91220 Schnaittach, Tel. 09153/8007, www.bikepark-osternohe.de.

Preise Tageskarte: Kinder 16 €, Erwachsene 19 €.

Spaß pur im Bikepark Osternohe

29

Mit Vollvisierhelm, Ellenbogen-, Knie- und Hüftschützern – so ausgestattet gehen die Mountainbiker im Bikepark Osternohe in unwegsames Gelände, überwinden allerlei Hindernisse und haben großen Spaß dabei! Auch an Anfänger ist gedacht mit einem speziellen Parcours. Und das alles ganz bequem: mit dem Lift bergauf.

Der Bikepark ist DIE Adresse für alle Montainbiker/innen im Großraum Nürnberg, egal ob sie Anfänger oder Könner sind. Wenn Sie Ihre ersten Sprünge auf dem Bike machen wollen, ist der neue Anfängerparcours mit einfachen Erd- und niedrigen Holzhindernissen genau das Richtige für Sie. Hier dürfen sich auch Kinder unter zwölf Jahren versuchen.

Wenn Sie noch ein wenig unsicher auf Ihrem Bike sind, dann halten Sie sich am besten an die »Blue Line«, die einfachere Streckenteile enthält. Anspruchsvolle Biker, die sportliche Manöver, steile Bergab-Passagen oder auch Sprünge bis zu zehn Meter über natürliche Hindernisse problemlos meistern und deren Körper- und Bikebeherrschung ganz einfach perfekt ist, werden hingegen auf der Freeride-Piste garantiert riesigen Spaß haben.

Besonders spannend sind außerdem die sogenannten North-Shore-Trails. Darunter versteht man spezielle Hindernisparcours für Mountainbikes. Sie fahren hier über umgestürzte Bäume, Felsen und Löcher oder über waagerecht gelegte »Hühnerleitern«, die bis zu 50 Zentimeter breit und bis über vier Meter hoch sein können. Häufig sind auch zusätzliche Sprünge und enge Kurven eingebaut, sodass diese Trails recht schwierig zu befahren sind – aber umso cooler, sofern man die richtige Technik dafür beherrscht!

Sie können im Bikepark auf eigene Faust die diversen Pisten befahren oder einen der zahlreichen Kurse belegen und unter Anleitung Ihre Kunstfertigkeit verbessern. Und alle, die über zwölf Jahre alt sind, dürfen mit dem Lift nach oben fahren, wodurch sich der Fahrspaß automatisch verlängert.

30 Kultkneipe für Kunst- und Gulaschliebhaber

Heutzutage ist ja vieles schnell mal »Kult«. Diese Kneipe in Nürnberg verdient dieses Prädikat aber tatsächlich. Womit anfangen? Mit den x Sorten Gulasch? Der Kunst an den Wänden, den frechen, skurrilen, oft erotischen Bildern? Oder mit den netten Leuten? Schauen Sie selbst – allerdings ist der Eingang ganz schön versteckt.

Auch wenn der Hintereingang wie der eines Privathauses aussieht – hier geht es in den gemütlichen, rustikalen Innenraum des »Gregor Samsa«, der Kneipe mit dem gewissen Etwas. Denn das Innere ist bis unter die Decke mit unzähligen Kunstwerken bedeckt, dicht an dicht aufgehängt. Eine Kneipe als Galerie? So in etwa funktioniert es bis heute im »Gregor Samsa«, das seinen Namen übrigens der Erzählung *Die Verwandlung* von Franz Kafka entnommen hat. Alle Werke stammen von bekannten und weniger bekannten Künstlern aus Nürnberg und Umgebung. Wirt Peter Hoyer hält seit über 40 Jahren die von seinem Vater übernommene Tradition der »Bierrente« aufrecht: Bis heute bezahlen seine Stammgäste, darunter viele Künstler, nicht mit harten Euros, sondern mit ihrer Kunst! So ist nach und nach dieses wunderbare Sammelsurium entstanden. Auch Sohn Marcel wird in diese Fußstapfen treten.

Fast genauso erstaunlich wie die Fülle an Kunstwerken ist die Auswahl an Gulaschgerichten – 18 (!) verschiedene Sorten! Darunter befinden sich Klassiker wie das Szegediner Gulasch mit Sauerkraut, aber auch Eigenkreationen der Marke »Hongkong« oder »Azteken«. Dazu wird selbst importiertes böhmisches Bier ausgeschenkt.

Anfahrt **Öffentlich:** Zug nach Nürnberg, U 3 Richtung Friedrich-Ebert-Platz, Haltestelle Maxfeld.
Auto: A 9 Ausfahrt Nürnberg-Fischbach, Richtung Nürnberg-Zentrum/ Nürnberg-Messe, weiter auf B 2/B 4 R, dann Richtung Stadtpark bis Maxfeldstraße fahren, dort parken.

Informationen Gregor Samsa, Mörlgasse, 90409 Nürnberg, Tel. 0911/ 357618; Postadresse: Maxfeldstraße 79.

Bärbels Garten in Dixenhausen

31

Da hat sich jemand einen Traum erfüllt – den Traum von einem wirklich außergewöhnlichen Garten. Und wir können uns Anregungen für unsere Gärten holen und auch mal neue Pflanzen kennenlernen. Das gibt es in Dixenhausen im Altmühltal. Machen Sie einfach eine Führung durch Bärbels Garten mit.

Mit einem Hexenhäuschen und 8500 Quadratmeter Wiese fing im August 1985 alles an. Barbara Krasemann wollte sich hier, im idyllischen Altmühltal, einen lang gehegten Wunsch erfüllen: einen riesigen, naturbelassenen Garten, den man riechen, schmecken und spüren kann. Und sie wollte gern andere Menschen an ihrem Traum teilhaben lassen. Deshalb öffnet sie ihr wunderbares Naturparadies regelmäßig für Besucher.

Im großen Gemüsegarten pflanzt sie alte, nahezu ausgestorbene Gemüsesorten wie Platterbsen oder Helgoländer Wildkohl an. Auch verschiedene Obstsorten, Nüsse und wunderbar aromatische Esskastanien gedeihen unter Barbaras Obhut. Und natürlich gibt es fantastische Blumen, darunter allein 50 Asternsorten. An heißen Sommertagen ist der Schattengarten mit großen Farnen, Clematis und anderen Schatten liebenden Pflanzen ein idealer Rückzugsort. Für das Alpinum, einen gewaltigen Steingarten, wurden 36 Tonnen gelber Treuchtlinger Marmor hierher gebracht. Und auch hier blüht so allerlei, etwa Habichtskraut und Sandkirschen.

So wirklich beschreiben kann man diesen fantastischen Garten nicht – doch wenn Sie ihn erleben, werden Sie von seinen Farben, Düften und Aromen, dem Wechselspiel von Licht und Schatten begeistert sein …

Anfahrt **Öffentlich:** Zug nach Hilpoltstein, Anruf-Linien-Taxi ALT 611 Richtung Thalmässing, Anmeldung bis 60 Min. vor Fahrtbeginn, Tel. 09174/19448. **Auto:** A 8 Ausfahrt Greding, Richtung Thalmässing auf St 2336, dann auf St 2227 nach Thalmässing.

Informationen Barbara Krasemann, Dixenhausen 23, 91177 Thalmässing, Tel. 09173/78886; www.baerbels-garten.de.

Preise Führung pro Person 4 €.

Eine grüne Oase: Bärbels Garten in Dixenhausen (siehe S. 63).

Anfahrt **Öffentlich:** Zug nach Hartmannshof, von dort 2,5 km Fußmarsch, keine Busverbindung. **Auto:** A 9 Ausfahrt Hersbruck/Sulzbach-Rosenberg, auf der B 14 Richtung Sulzbach-Rosenberg, am Ortsschild Weigendorf rechts nach Haunritz. Dort bis Gasthof »Zum Alten Fritz«, gegenüber in den Dorfplatz einbiegen, nach ca. 50 m links abbiegen.

Informationen Lama-Trekking Hersbrucker Alb, Ulli u. Klaus Meier, Dorfplatz 11, 91249 Weigendorf-Haunritz, Tel. 09154/94654 www.lamatrekking-hersbruckeralb.de.

Preise Kinder (6–10 Jahre) 3 € pro Std., bi 6 Jahre frei; Erwachsene 6 € pro Std.; Mindestb chung ist folgendes Schnupperangebot: 4 Per nen, 1 Std., 24 €.

Lama-Trekking in der Oberpfalz

32

Sie fühlen sich gestresst, haben zu viel um die Ohren und könnten ein wenig Ruhe gebrauchen? Finden aber Wellness-Hotels langweilig, und mit dem Meditieren klappt es auch nicht? Dann probieren Sie doch einmal eine ganze andere Form der Entspannung aus: Lama-Trekking in der Hersbrucker Alb.

Jeder, der schon einmal mit Lamas zu tun hatte, schwärmt von ihrer stolzen und ruhigen Ausstrahlung, die sich schon nach Kurzem auf den Menschen überträgt. Auch Sie werden staunen, wie wunderbar erholsam es ist, mit einem Lama an der Leine durch die Landschaft zu wandern. Der Kopf wird frei, das Gedankenkarussell hört auf, sich zu drehen, innere Ruhe stellt sich ein. Plötzlich versteht man, warum Lama-Trekking mit Meditation verglichen wird und warum sogar manche Firmen ihre Mitarbeiter dazu einladen …

Auf dem Meierhof in Haunritz zwischen der Hersbrucker Schweiz und dem Oberpfälzer Jura erleben Sie diese ungewöhnlichen Tiere und auch ihre kleineren Verwandten, die Alpakas, hautnah. Besucher werden mit ihnen erst einmal ein wenig vertraut gemacht, danach sucht sich jeder »sein« Lama aus, halftert und kämmt es. Dann geht's los auf Trekkingtour – wohin und wie lange, bestimmen Sie. Zur Wahl stehen mehrere schöne Routen durch die urwüchsige Landschaft im romantischen Högenbachtal. Auch ausgedehntere, mehrere Stunden dauernde Wanderungen sind möglich – dann werden die Lamas mit Packtaschen versehen, die eine stärkende Brotzeit und Getränke beinhalten. Für die Rast finden sich in der herrlichen Landschaft zahlreiche idyllische Plätze. Und keine Angst: Auch wenn es immer wieder behauptet wird – Lamas spucken keineswegs andauernd! Sie tun das nur, wenn sie ihre Rangordnung innerhalb der Herde ausfechten.

ANTENNE BAYERN TIPP

Gleich gegenüber dem Meierhof liegt der »Alte Fritz«, ein Kletterfels. Er bietet von der Berg- wie auch von der Talseite mehrere schöne Kletterrouten verschiedener Schwierigkeitsgrade.

Anfahrt **Öffentlich:** Zug nach Neumarkt in der Oberpfalz. **Auto:** A 9 Ausfahrt Greding, Richtung Thalmässing/Berching, auf St 2336, rechts auf B 299, dann rechts auf St 2240 bis Neumarkt in der Oberpfalz.

Informationen Metzgerei-Hotel-Gasthof Wittmann, Norbert Wittmann, Bahnhofstraße 21, 92318 Neumarkt in der Oberpfalz, Tel. 09181/907426; www.hotel-wittmann.de.

Preise Pro Person 55 €; ab 8 Personen 52 €

Ein Diplom in der Weißwurstakademie 33

Die Weißwurst, die berühmteste aller bayerischen Würste, ist viel mehr als ein x-beliebiges Würstchen. Um kein anderes Gericht ranken sich so viele Geschichten, wird so heftig gestritten – wie man sie richtig isst, welches der beste Weißwurstsenf ist und ob man sie auch nach 12 Uhr mittags noch essen darf …

Seine Leidenschaft für die Weißwurst brachte Metzgermeister Norbert Wittmann aus Neumarkt bereits im Jahr 2006 auf die Idee, die erste deutsche Weißwurstakademie zu gründen. Damit nicht ganz zufrieden, setzte er dann noch eins drauf: Seit ein paar Jahren bietet er eintägige Weißwurst-Seminare an – Kurse also, bei denen die Teilnehmer in seinen Weißwurstkessel schauen dürfen und dabei erlernen, wie das Weißwurstmachen geht.

Am Anfang steht eine sehr unterhaltsame »Vorlesung« über Geschichte und Besonderheiten des bayerischen Klassikers, danach dürfen die Seminarteilnehmer aber selbst das Messer in die Hand nehmen, Zwiebeln und Petersilie fein hacken, das Brät herstellen, in den Wurstdarm füllen und die Wurst abdrehen, wie es im Fachjargon heißt. Die Zutaten dafür sind auf das Genaueste festgelegt: Neben verschiedenen Gewürzen sowie Schwartenstückchen, Zwiebeln und Petersilie muss die Weißwurst mindestens zu 51 Prozent aus (teurem) Kalbfleisch beziehungsweise darf höchstens zu 49 Prozent aus (billigerem) Schweinefleisch bestehen.

Während die Würste langsam im Kessel warm werden – das Wasser darf auf keinen Fall kochen! –, sitzen die Seminarteilnehmer über der schriftlichen Prüfung (!). Doch wer gut aufgepasst hat, dem ist sein Weißwurstdiplom sicher. Offiziell verliehen wird es bei der abschließenden Brotzeit, bei der die selbst gemachten Weißwürste genüsslich verzehrt werden – natürlich nach vorherigem Weißwurst-Knigge und serviert mit echtem Händlmaier Weißwurstsenf, einer ofenfrischen Brez'n und kühlem Weißbier.

34 Natur statt Chlor: Wörnitzer Flussfreibad

DIE natürliche Alternative zum langweiligen Abschwimmen von Bahnen im normalen Schwimmbad ist das Flussfreibad in Oettingen an der Wörnitz. Eines der letzten seiner Art in Bayern … und ihr nächstes Wochenendziel an einem heißen Sommertag! Denn auch seine Insellage ist einzigartig.

Mitten in der Natur, in einer romantischen Flusslandschaft mit altem Baumbestand, alle Annehmlichkeiten eines Freibads genießen … Hört sich gut an, oder? Tatsächlich ist das Oettinger Flussfreibad ein richtiges Freibad mit allem, was dazugehört: Wasserrutschen, Planschbecken für Kinder, Liegewiesen, Kiosk mit Biergarten, diversen Spiel- und Sportplätzen. Und gekrönt wird es durch seine wunderschöne Lage auf einer Insel in der Wörnitz, die durch einen Altwasserarm entstanden ist.

In entspannter Atmosphäre kann man hier wunderbar einen Sommertag verbringen. Wenn Sie einfach nur chillen wollen, suchen Sie sich ein ruhiges Plätzchen unter einem alten Baum. Sie brauchen mehr Action? Bitte schön, was darf es sein: Fußball, Indiaca, Boule, Beachvolleyball, Tischtennis? Oder eine romantische Kahnfahrt durch die idyllischen Flussauen? Und irgendwann treffen sich alle im urigen Biergarten beim Kiosk zum perfekten Ausklang für herrlich relaxte Stunden!

ANTENNE BAYERN TIPP

Auch außerhalb der Badesaison ist die Wörnitzinsel ein attraktives Ausflugsziel: Die parkähnliche Anlage lädt wunderbar zum Spazierengehen ein, außerdem kann man die Tiere im Damwildgehege beobachten, Minigolf spielen und sich in der Kneippanlage kalte Füße holen.

Anfahrt **Öffentlich:** Zug nach Nördlingen, Bus 503 nach Oettingen. **Auto:** A 8 Ausfahrt Augsburg-West, auf B 2 Richtung Donauwörth/Gersthofen, auf B 25 bis Ausfahrt Oettingen, rechts auf St 2221 bis Oettingen.

Informationen Tourist-Information Oettingen, Schloßstraße 36, 86732 Oettingen, Tel. 09082/70951; www.oettingen.de.

Preise Kinder (ab 6 Jahre) u. Jugendliche 1,30 €, Erwachsene 2 €.

China in der Oberpfalz 35

Sie werden Ihren Augen nicht trauen: bunte Drachenwagen, ein Riesenrad, ein gewaltiger Drache aus Pappmaschee, unzählige chinesisch gekleidete Fußgänger und als Krönung der Kaiser auf seiner Sänfte – Bayrisch-China liegt mitten in der Oberpfalz, und das nicht nur zur Faschingszeit!

Jedes Jahr am Unsinnigen Donnerstag verwandelt sich das Städtchen Dietfurt in »Bayrisch China«. Mittags ziehen Faschingsgruppen in chinesischen Kostümen und mit verzierten Wagen durch die Altstadt, angefeuert von über 10 000 Besuchern. Nachmittags folgt die feierliche Proklamation von Kaiser »Ko-Houang-Di« und dann geht die Faschingsgaudi richtig los: In allen Gaststätten feiern, trinken und lachen die Chinesen bis zum frühen Morgen – Gäste sind immer willkommen!

Zum Ursprung des Chinesenfaschings: Im Mittelalter soll der Bischof von Eichstätt seinen Kämmerer losgeschickt haben, weil die Dietfurter zu wenige Abgaben leisteten. Doch sie ließen den unerwünschten Besuch einfach vor der Stadtmauer stehen. Darauf beschwerte er sich, die Dietfurter hätten sich »wie die Chinesen« hinter ihrer Mauer verschanzt. Und wenn kein Fasching ist? Dann kommen Sie doch zum bayrisch-chinesischen Sommer nach Dietfurt! Zur Einstimmung aufs Reich der Mitte gibt es viel Musik, einen Altstadtlauf und eine bayerisch-chinesische Festmeile.

ANTENNE BAYERN TIPP

Ganzjährig geöffnet ist der Qigong-Pfad in Dietfurt, auf dem man wunderbar abschalten und entspannen kann: Die etwa 3,4 Kilometer lange Strecke beginnt vor dem Franziskanerkloster, führt an der Wassertretanlage vorbei und über den Franziskuspark.

Anfahrt **Öffentlich:** Zug nach Dietfurt. **Auto:** A 9 Ausfahrt Denkendorf, zunächst Richtung Riedenburg/Beilngries/Kipfenberg, dann Ausschilderung nach Dietfurt folgen.

Informationen Stadt Dietfurt, Hauptstraße 26, 92345 Dietfurt, Tel. 08464/64000; www.dietfurt.de. Termine des bayrisch-chinesischen Sommers siehe Homepage.

China mitten in Bayern: lustiges Treiben auf dem Chinesenfasching in Dietfurt (siehe S. 71)

Anfahrt **Öffentlich:** Regionalzug nach Laaber, dann 10 Min. Fußweg. **Auto:** A 3 Ausfahrt Laaber, Richtung Gewerbegebiet Hinterzhof, dort vierte Einfahrt rechts in Riegelweg.

Informationen ERLEBNISMAX®, Abenteuerspielplatz Natur, Riegelweg 4, OT Hinterzhof, 93164 Laaber, Tel. 09498/90246(www.erlebnismax.de.

Preise Pro Person 49 €.

Zorbing – ein tolles (Gruppen-)Erlebnis 36

In einer riesigen durchsichtigen Plastikkugel, mit Haltegriffen und Gurten gesichert, »todesmutig« einen Hügel hinunterrollen, dabei kräftig durchgeschüttelt werden, jeden Hopser am Körper spüren, sich fühlen wie im Schleuderprogramm der Waschmaschine – und dabei wahnsinnig viel Spaß haben. Das ist Zorbing!

Und jetzt stellen Sie sich bitte vor, dass Sie das nicht allein, sondern mit 15 bis 25 anderen Menschen machen. Zuzuschauen, wie es den anderen »Zorbonauten« auf ihrem holprigen Weg nach unten ergeht, ist eine große Gaudi. Wäre das nicht eine Idee für den nächsten Geburtstag oder das nächste Firmenevent?

Noch ein paar Erklärungen zu diesem Trendsport. Im Inneren der 3,2 Meter großen, durchsichtigen Plastikkugel befindet sich eine 1,8 Meter große Hohlkugel, die durch unzählige Seile mit der äußeren Hülle verbunden ist. Sobald Sie durch einen Tunnel dort hineingekrochen sind, schnallen Sie sich an mehreren Haltegriffen und Gurten fest – die werden Sie später brauchen, schließlich geht es mit Schwung bergab. Und schon ist es so weit, Ihre Kugel wird angeschubst und die holprige Reise nach unten beginnt! Je steiler der Hang wird, desto mehr Tempo nimmt die Kugel auf. Sie werden es sicher bestätigen: Die Mischung aus Rollen und Schütteln, das Gefühl, nach vorne zu fallen oder von hinten wieder nach oben gezogen zu werden, sorgt für den echten Kick! Es ist aufregend, sich ins Ungewisse fallen zu lassen – so sehr, dass man am Ziel am liebsten sofort wieder Zorbonaut sein möchte!

Für neu gewonnene Fans hier noch ein weiteres Detail: Das spannende Vergnügen mit den Zorbs wurde von den Neuseeländern Dwane van der Sluis und Andrew Akers erfunden und trat bereits einen weltweiten Siegeszug an!

ANTENNE BAYERN TIPP

Wenn Ihnen Zorbing nicht ganz geheuer ist: Der gleiche Veranstalter bietet auch beschauliche Kanufahrten, unter anderem auf der Naab und der Vils, an. Statt des ultimativen Kicks genießen Sie die Ruhe, die nur vom Gleiten des Paddels durchs Wasser unterbrochen wird …

Anfahrt **Öffentlich:** Zug nach Regensburg. **Auto:** A 93 bis Regensburg.

Informationen Boulderwelt Regensburg GmbH, Im Gewerbepark, A 46, 93059 Regensburg, Tel. 0941/89963606; www.boulderwelt-regensburg.de.

Preise Eintritt: Kinder (bis 3 Jahre) 3 €, Kinder (4–13 Jahre) 6,90 €, Schüler, Studenten u. Senioren 8,90 €, Erwachsene 9,90 €; Kursgebühren auf Anfrage.

Indoor-Boulder-Anlage in Regensburg

37

Klettern ist cool, klettern ist trendy – doch vielen ist die Kletterei mit Seil und Klettergurt zu aufwendig. Dazu gibt es aber in Regensburg seit März 2012 eine tolle Alternative: »Klettern ohne alles« – in der neuen Indoor-Boulder-Anlage, der zweitgrößten Kletterhalle weltweit! Also nichts wie nach oben …

Falls Sie noch nie etwas von Bouldern gehört haben, geschweige denn schon einmal selbst in einer Halle geklettert sind, hier ein paar Informationen: Bouldern, abgeleitet vom englischen *boulder* (Felsblock), nennt man das Klettern ohne Seil und Klettergurt an Felsblöcken und -wänden oder – wie in Regensburg – in Hallen an künstlichen Wänden und Griffen. Die Sicherheit steht dabei selbstverständlich immer an erster Stelle, deshalb wird auch nur bis zu einer Höhe gebouldert, aus der man sicher wieder abspringen kann. Extradicke Schaumstoffmatten auf dem Boden dämpfen die Landung. Die neue Kletterhalle in Regensburg kann sich sehen lassen, mit über 1000 Quadratmeter Kletterfläche ist sie zurzeit die zweitgrößte Kletterhalle weltweit und wird nur noch von der Münchner Boulderwelt übertroffen.

Also, worauf warten Sie noch? Die halbstündige Einführung in die Welt des Boulderns durch einen erfahrenen Trainer in lockerer und kommunikativer Atmosphäre ist kostenlos. Danach können Sie sich zum ersten Mal auf einer der leichten Boulderrouten in die Höhe wagen – Sie werden staunen, wie viel Spaß das macht!

Und auch wenn Sie schon etwas Erfahrung besitzen, gibt es bei der Vielzahl verschiedener Boulderrouten in der Halle bestimmt die richtige Variante für Sie. Falls Sie dabei noch etwas dazulernen möchten, können Sie außerdem einen der zahlreichen Kurse belegen. Auch an die Kids ist mit einem eigenen Kinderbereich gedacht, der Spielspaß und Sport wunderbar vereint. Und nach dem Bouldern ruhen Sie sich am besten gemütlich im hauseigenen Bistro aus – und erzählen stolz von Ihren ersten Ausflügen in die Höhe!

Anfahrt **Öffentlich:** Zug nach Regensburg. **Auto:** A 93 bis Regensburg.

Informationen Regensburg Tourismus GmbH, Roter Herzfleck 2, 93047 Regensburg, Tel. 0941/5074410; www.regensburg.de.

Preise Kinder (5–14 Jahre) 3,50 €, Schüler Studenten 5,30 €, Erwachsene 8,50 €, Familienkarte (2 Erwachsene u. 2 Kinder bis 14 Jahre) 19

Strudelfahrt durch die Steinerne Brücke

38

Ein schöner Sommertag – die prächtige Kulisse der Regensburger Altstadt – dazu die blaue Donau – und eine klassische, fast schon nostalgische Dampferfahrt, die richtig Spaß macht, Geschichten und Geschichte über Stadt und Fluss vermittelt und gar nicht so gefährlich ist, wie der Name vermuten lässt …

Eine Fahrt über die Donau und die bekannten Donaustrudel gehört einfach dazu, wenn Sie Regensburg besuchen. Außerdem macht es Spaß, sich ganz entspannt zurückzulehnen und den Blick auf die schöne blaue Donau oder den Regensburger Dom zu genießen! Wie wäre es also mit der Strudelfahrt auf der Donau? Die Einstiegs- und Ausstiegsstellen befinden sich in der Nähe der Steinernen Brücke. Und keine Angst, Strudelfahrt soll keineswegs bedeuten, dass Sie seekrank werden! Der Name kommt von den kleinen Wirbeln unter der Steinernen Brücke, die an Bord eines Dampfers jedoch überhaupt nicht gefährlich sind.

In einer knappen Stunde fahren Sie per Schiff an der sehenswerten Regensburger Altstadt vorbei – die seit 2006 übrigens zum UNESCO-Welterbe gehört –, unter der Steinernen Brücke durch und über die Donaustrudel hinweg. Sie sehen vom Wasser aus den geschichtsträchtigen Salzstadel und den hochwassergeplagten Stadtteil Stadtamhof mit seinen am Ufer gelegenen Häusern. Auch die alten Fachwerkhäuser am Donauufer sind sehr sehenswert. Während der Fahrt erfahren Sie über Lautsprecher allerlei Wissenswertes und Witziges über Regensburg und die Donau und – natürlich – die Donaudampfschifffahrt.

ANTENNE BAYERN TIPP

In Regensburg können Sie sich als Hobbyarchäologe versuchen. Dazu finden Sie unter der Niedermünsterkirche aus dem 12. Jahrhundert Gelegenheit. Hier gilt es, die römischen Fundamente zu entdecken, auf denen Regensburg thront. Dieses »document niedermünster«, das nur im Rahmen einer Führung zugänglich ist, zählt zu den größten archäologischen Ausgrabungsstätten Deutschlands. Die unterschiedlichen historischen Epochen der Stadt werden ebenso lebendig veranschaulicht wie das Leben und Wirken diverser Herzöge und Heiliger.

39 Am Strand – mitten in Bayern

Ein Sonnentag am Strand: im Liegestuhl die Wärme genießen, barfuß über warmen Sand laufen. Zwischendurch eine Runde schwimmen oder eine Partie Beachvolleyball spielen. Sich wie am Sandstrand im letzten Urlaub fühlen. Und das vor der eigenen Haustür – in der Sandoase in Bruck in der Oberpfalz.

Sogar eine »echte« Meerjungfrau sorgt fürs richtige Urlaubsfeeling! Sie ist nur eines von mehreren Kunstwerken, die das weitläufige Naherholungsgebiet verschönern und die Sandoase vom Geheimtipp zum beliebten Treffpunkt gemacht hat.

Haben Sie es gerne chillig am Strand? Oder toben Sie sich lieber beim Beachvolleyball oder auf dem »4Fcircle Fitnessparcours« aus? Auf diesem drei Kilometer langen Rundweg trainieren Sie an verschiedenen Stationen Koordination, Beweglichkeit, Ausdauer und Kraft. Die Kids vergnügen sich auf dem Sand-Erlebnis-Weg durch den Kiefernwald, lernen Tiere und Pflanzen kennen, können aber auch auf den Beobachtungsturm »Vogelnest« steigen oder in der Weitsprunggrube um die Wette springen. Und um Konzentration, Geschicklichkeit und Gleichgewichtssinn geht es auf der Hängebrücke mit beweglichen Sprossen oder dem Barfußpfad.

ANTENNE BAYERN TIPP

Wer ein Faible für Mystisches hat, sucht den keltischen Baumkreis in der Sandoase auf. Dort wird Ihnen je nach Geburtsdatum »Ihr« persönlicher Baum gezeigt, dann wird auf dem 2,4 Kilometer langen Rundweg über die Natur und ihre Beziehung zum Menschen reflektiert.

Anfahrt **Öffentlich:** Zug nach Bodenwöhr, Bus 43 bis Bruck Friedhof, dann 10 Min. Fußweg. **Auto:** A 93 Ausfahrt Teublitz, dann Richtung Bruck, rechts auf St 2150; die Sandoase liegt links zwischen Bruck und Nittenau.

Informationen Markt Bruck in der Oberpfalz, Rathausstraße 7, 92436 Bruck in der Oberpfalz, Tel. 09434/94120; www.markt-bruck.de.

Preise Alle Einrichtungen der Sandoase sind kostenlos und frei zugänglich.

Fast wie auf dem Amazonas

40

Fernab von Verkehr und Trubel auf dem Wasser dahingleiten, die ursprüngliche Landschaft der Vilsauen bewundern, den Windungen der Vils folgen und sich dabei fast wie auf dem Amazonas fühlen … all das ist inklusive auf der beschaulichen Flussfahrt mit der Zille von Hahnbach nach Kümmersbuch.

In Hahnbach, einem kleinen Ort nordwestlich von Amberg, startet die Flussfahrt mit der Zille, einem traditionellen Holzboot, auf dem bis zu 15 Personen Platz finden. Eine gute Stunde ist man mit der »Vilsarche« nach Kümmersbuch unterwegs und genießt die wunderbare Stille und weitgehend unberührte Natur. Zwischendurch berichtet der Fährmann von Tieren wie Biber, Eisvogel, Fasan und Fischen oder Pflanzen, die in den teils üppig bewachsenen Vilsauen einen geschützten Lebensraum finden. Vielleicht bekommen Sie ja auf Ihrer Fahrt eines dieser Tiere zu sehen?

Sie können die Fahrt mit der Zille entweder als Gruppe buchen oder sich einer Fahrt einfach anschließen! Die Rückfahrt dauert etwas länger, da man flussaufwärts unterwegs ist. Alternativ steigen Sie in Kümmersbuch aus – wie wäre es mit einer schönen Wanderung und anschließendem Biergartenbesuch?

ANTENNE BAYERN TIPP

Eine leichte, etwa 1,5 Kilometer lange Wanderung führt ab Kümmersbuch auf den Frohnberg mit seiner berühmten Wallfahrtskirche, der Lourdes-Kapelle und den archäologischen Ausgrabungen – und danach steht der gemütliche Biergarten »Beim Peter'n« in Kümmersbuch auf dem Programm.

Anfahrt **Öffentlich:** Zug nach Sulzbach-Rosenberg, Bus 464 nach Hahnbach. **Auto:** A 93 Ausfahrt Schwandorf, auf B 85 Richtung Schwandorf, rechts auf B 299, links auf St 2120 nach Hahnbach.

Informationen Markt Hahnbach, Herbert-Falk-Straße 5, 92256 Hahnbach, Tel. 09664/913412; www.hahnbach.de.

Preise Zillenfahrt ohne Rücktransport der Zille 5 € (nicht pro Person, sondern für die ganze Fahrt), Rücktransport der Zille 25 € pro Fahrt.

Strandfeeling pur in der Oberpfalz

Anfahrt **Öffentlich:** Zug nach Straubing. **Auto:** A 92 Ausfahrt Landau an der Isar, auf B 20 Richtung Eichendorf, Abfahrt Richtung Straubing/Aiterhofen auf St 2142 bis Straubing.

Informationen www.straubing-tigers.de

Preise Von 7 € (Stehplatz Kind) bis 40 € (Sitzplatz Erwachsener, 1. Kategorie).

Eishockey total – bei den »Straubing Tigers« 41

Was für ein Eishockey-Frühlingsmärchen! Das Team mit dem kleinsten Etat, aus der kleinsten Stadt in der Deutschen Eishockey-Liga schafft es ins Halbfinale – unter die besten vier! Der größte Erfolg der Vereinsgeschichte. Atmosphäre pur im heimeligen Stadion. Die Zuschauer stehen wie ein Mann hinter ihrem Team.

Viele sagen, Straubing sei keine gewöhnliche niederbayerische Stadt. Alles sei dort etwas überdimensioniert, die Straubinger gelten ein wenig als die Oberbayern Niederbayerns. Da passt es ins Bild, dass man hier auch einen berühmten Eishockey-Verein bejubeln kann.

Eishockey hat in Straubing eine lange Tradition: Anfang der 40er-Jahre trugen Jugendliche auf einem Eisweiher beim Pulverturm eishockeyähnliche Spiele aus. Nach dem Krieg gründete der TSV 1861 Straubing eine Eishockey-Abteilung, die bereits 1947/48 ihre ersten Punktspiele bestritt. Eine wechselvolle Geschichte folgte, doch im Laufe der Zeit wurden Fans und Mannschaft zu einer Einheit. Bald war die Mannschaft für ihr schnelles und aggressives Spiel bekannt und die Fans für ihr gut gelauntes Auftreten.

Bis heute fiebert ganz Straubing mit, wenn die »Straubing Tigers« auf dem Eis um Punkte kämpfen. Gewinnen sie, sind sie selbstverständlich Gesprächsthema Nummer eins – ob beim Metzger oder beim Friseur. Glücklich ist, wer das einmal live im kleinen Straubinger Eisstadion erleben kann. Denn das ist ein ganz bewusst gewählter Gegenentwurf zu den oft unpersönlichen, großen Sportarenen, die es sonst in vielen Städten gibt. Sie sollten sich allerdings rechtzeitig um Tickets kümmern, die Spiele sind schnell ausverkauft! Die neue Spielsaison startet meist jeweils im September, der Kartenvorverkauf beginnt aber viel früher.

ANTENNE BAYERN TIPP

Das Straubinger »Gäubodenfest« ist das zweitgrößte bayerische Volksfest nach dem Oktoberfest – und es hat den unschätzbaren Vorteil, dass es schon im August stattfindet. Vielen Bayern gilt es als die authentische Version der Münchner Wies'n.

Anfahrt **Öffentlich:** Zug nach Plattling, Waldbahn nach Deggendorf, Bus oder Taxi nach Metten. **Auto:** A 3 Ausfahrt Metten, zunächst auf St 2125, dann auf DEG 3 nach Metten.

Informationen Abtei St. Michael, Abteistraße 3, 94526 Metten, Tel. 0991/91080; www.kloster-metten.de. Anmeldung: abt.wolfgang@live.de.

Preise Pro Tag 40 €.

Auszeit im Kloster

42

Für mehrere Tage weg von allem, eintauchen in eine völlig andere Welt. Kein Handy, kein Laptop, kein Fernseher, dafür den Alltag der Benediktinermönche im Kloster Metten kennenlernen. Abstand von Stress und Hektik, dafür Stille. Zeit zum »Entschleunigen« – um zu sich zu kommen und neue Erfahrungen zu machen.

Der bayerische Ministerpräsident hat es schon gemacht – und auch viele andere Menschen haben oft den Wunsch, sich einmal von unserer hektischen, schnelllebigen Welt zurückzuziehen. Neue Kräfte zu sammeln, zur Ruhe zu kommen und die innere Mitte zu finden. Deshalb öffnen mittlerweile viele Klöster ihre Türen für Gäste auf Zeit – so auch das Benediktinerkloster in Metten.

Nach Absprache können Interessierte jederzeit einige Tage in den Klosteralltag hineinschnuppern – unabhängig davon, ob sie Katholiken oder Protestanten sind. Untergebracht sind die Gäste, ausschließlich Männer, im Wohnbereich der Mönche, in der sogenannten Klausur. Das Motto dieser Tage des Mitlebens heißt: »Du kommst nirgendwo an, wenn Du nicht losgehst!«

Fühlen Sie sich angesprochen? Dann nehmen Sie doch Kontakt mit dem Kloster auf und suchen vorab das Gespräch mit dem Abt. Denn eines sollte Ihnen klar sein: Ein Wochenende im Kloster ist kein Wellness-Urlaub. Es erwartet Sie ein strenger Tagesablauf, und Sie müssen vor allem die ungewohnte Stille aushalten. Das gelingt nicht jedem … So mancher tritt nach ein paar Stunden die Flucht an. Wer sich aber darauf einlassen kann, wird erleben, dass die Stille, der rituelle Tagesablauf und die Abwesenheit sämtlicher Reize sehr heilsam und wohltuend sein können.

ANTENNE BAYERN TIPP

An junge Frauen zwischen 16 und 35 Jahren wenden sich die Franziskanerinnen des Klosters Aiterhofen in Niederbayern. Sie bieten ein »Franziskanisches Wochenende« an, bei dem die Frauen im Gästehaus untergebracht sind.
Anmeldung: sr-maria@kloster-aiterhofen.de; Kosten: 45 €; www.kloster-aiterhofen.de.

Anfahrt **Öffentlich:** Von Zwiesel mit der Regionalbahn nach Bodenmais; Abholservice von der Sport-Alm. **Auto:** Auf der St 2136 nach Bodenmais, im Ort Richtung Kurpark zum Rechensöldenweg.

Informationen Sport-Alm-Bodenmai Klaus Wölfl, Rechensöldenweg 22, 94249 Bodenmais, Tel. 09924/905858; www.sport-alm-bodenmais.de.

Preise Pro Person 8 €.

Der Goldschatz von Niederbayern

43

Ein echtes Abenteuer wie einst im Wilden Westen: Ausgerüstet mit Goldwaschpfanne, Schaufel und Gummistiefeln geht es zum Goldwaschen in den wilden Rißloch-Grand-Canyon, der berühmt ist für seine Goldvorkommen. Das halten Sie für ein Märchen? Dann kommen Sie zur Sport-Alm nach Bodenmais und überzeugen sich selbst!

Ein waschechter Trapper begleitet Sie und die anderen Goldwäscher auf einer schönen Wanderung zum Rißbach, der durch das wildromantische Naturschutzgebiet Rißloch fließt. Was Sie zum Goldwaschen benötigen, wird natürlich gestellt. Unterwegs erzählt der Trapper spannende Geschichten über die großen Zeiten des Goldwaschens. Vielleicht gibt er sogar ein paar Geheimtipps weiter, damit es auch bei Ihnen mit dem Goldfund klappt!

Am Rißbach angekommen, wird das Vergnügen ein feucht-fröhliches – also passende Kleidung und geeignete Schuhe anziehen. Es geht hinein in den Bach und auf die Goldsuche! Besonders für Kinder ist es ein Genuss, in Matsch und Wasser herumzuwühlen. Und das Schönste: Das gefundene Gold dürfen Sie natürlich behalten. Mit etwas Glück und Geschick stoßen Sie auf kleine Goldnuggets, zwischen ein und drei Millimeter groß. Ein Tipp: Wenn es regnet, sind die Chancen, Gold zu finden, höher. Warum das so ist? Fragen Sie den Trapper!

Und noch ein Tipp: Wenn Sie mit mehreren Freunden oder mit der ganzen Familie auf Goldsuche gehen, können Sie sogar mit einem eigenen Trapper losziehen. Das ist bereits ab vier Personen möglich – allerdings sollten Sie sich dann einen Tag vorher anmelden. Die Goldwäschertour dauert insgesamt ungefähr zwei Stunden.

ANTENNE BAYERN TIPP

Auch ein Abstecher in das Historische Besucherbergwerk Bodenmais ist eine spannende Sache. Mit Helm und Kittel geht es in den Barbarastollen.
Historisches Besucherbergwerk, Silberberg 28, 94249 Bodenmais, Tel. 09924/304; www.silberberg-online.de. Preise: Kinder (4–15 Jahre) 3,60 €, Erwachsene 6 €.

44 Auf den Spuren von Magdalena Neuner

Spätestens seit den großartigen Erfolgen von Magdalena Neuner, Kati Wilhelm und Michael Greis ist Biathlon die neue Trendsportart. Und wer denkt, Biathlon funktioniere nur im Winter, der irrt: Im Hohenzollern-Skistadion am Fuße des Großen Arbers kann man auch im Sommer Biathlon trainieren – grandios!

Wie das geht? Ganz einfach: Rollen an die Langlaufski montieren, das Gewehr auf den Rücken schnallen und los! Im Hohenzollern-Skistadion am Großen Arber dürfen nicht nur Biathlon-Profis an den Start, sondern auch blutige Laien, die noch nie ein Gewehr in der Hand hatten! Wo sonst internationale Profis Bestleistungen erreichen, können Sie einen faszinierenden Sport erlernen, der eine unvergleichbare Kombination aus Ausdauer, Kondition und Konzentration bietet.

Jeden Mittwoch zwischen 13 und 17 Uhr können Sie das »Biathlonpaket für jedermann« buchen, das neben 25 Schuss Munition auch die professionelle Begleitung enthält. Sie schießen mit einem Kleinkalibergewehr auf 50 Meter entfernte Scheiben! Ach ja, Sie können natürlich auch ganz klassisch im Winter ins Skilandesleistungszentrum kommen, wo in den letzten Jahren mehrere Europacups und Meisterschaften stattgefunden haben.

ANTENNE BAYERN TIPP

Sollte sich Ihre Begleitung wider Erwartens nicht für Biathlon interessieren – kein Problem! Das Hohenzollern-Skistadion bietet im Sommer zum Beispiel auch Nordic Walking, Inlineskating oder Mountainbiking an. Also, worauf warten Sie noch?

Anfahrt **Öffentlich:** Zug nach Bodenmais, Bus nach Bayerisch Eisenstein, ab Haltestelle am Großen Arbersee noch ca. 300 m Fußweg. **Auto:** B 11 Richtung Bayerisch Eisenstein, ausgeschilderter Abzweig nach links Richtung Großer Arbersee zum Hohenzollern-Skistadion.

Informationen Hohenzollern-Skistadion, Arberseestraße, 94252 Bayerisch Eisenstein, Tel. 09921/96050 (Touristisches Service Center); www.arber-skistadion.de.

Preise Pro Person 30 € (inkl. 25 Schuss).

Mit der Musi von Wirtshaus zu Wirtshaus 45

Wandern einmal anders – mit zünftigen Musikern aus Bodenmais von einem urigen Wirtshaus zum nächsten. Unterwegs singen sie bayerische G'stanzl und sorgen für gute Stimmung. Und spätestens im Wirtshaus unterhalten sich alle bereits angeregt.

(Fast) Jeden Freitag können Sie in Bodenmais auf Wanderschaft gehen – mit musikalischen und humorvollen »Wanderführern«, die es so vermutlich nirgendwo gibt. Mit Lederhosen und Trachtenhut ausstaffiert, ziehen die Musiker mit ihren Gästen los. Sie haben nicht nur jede Menge bayerischer Volkslieder auf Lager, sondern auch den einen oder anderen Trinkspruch.

Start ist um 17 Uhr am Rathaus. Von dort wandert die Gruppe leichten Fußes dank musikalischer Begleitung zu einem echt bayerischen Wirthaus in der Umgebung. Dort können sich Wanderer und Musikanten mit frisch gezapftem Bier und einer kräftigen Brotzeit stärken – dann geht's weiter zur Konkurrenz! Seit Neuestem gibt es auch musikalische Biergartenwanderungen, etwa ab Mai, wenn die Temperaturen schon wieder zum Draußensitzen einladen.

ANTENNE BAYERN TIPP

Gleich um die Ecke von Bodenmais liegt einer der schönsten Seen der Region, der Große Arbersee in 935 Meter Höhe am Fuße des Großen Arbers. Der See ist ein Relikt der letzten Eiszeit und von urwaldartigen Wäldern umgeben. Imposant ist die im Westen des Sees hochragende, über 400 Meter hohe Arberwand mit ihren Felskaskaden und Wasserfällen. Einen abgegrenzten Teil des unter Naturschutz stehenden Sees darf man befahren – zum Beispiel bei einer romantischen Tretbootfahrt in dieser traumhaften Landschaft.

Anfahrt **Öffentlich:** Zug nach Bodenmais. **Auto:** Auf B 11, dann auf St 2136 bis Bodenmais.

Informationen Bodenmais Tourismus & Marketing GmbH, Bahnhofstraße 56, 94249 Bodenmais, Tel. 09924/778135; www.bodenmais.de; bitte aktuelle Termine erfragen.

Preise Mit Gästekarte kostenlos, sonst pro Person 5 €.

Anfahrt **Öffentlich:** Zug nach Plattling. Regionalbahn nach Gotteszell, Anruf-Linien-Taxi nach Viechtach (Voranmeldung bis 30 Min. vor Abfahrt), Tel. 09942/94050. **Auto:** Auf B 11 und B 5 nach Viechtach, Ausfahrt Viechtach-West. Ab Viechtach je nach Camp 1,5–2 km Fußweg.

Informationen Natur – Erfahren & Lernen, Hajo Bach, Postackerweg 2, 94234 Viechtach, Tel. 0174/9287802 bzw. 0162/7612380; www.natur-erfahren-lernen.de.

Preise Je nach Art und Dauer des Kurses; z. B. Wildnistraining von Freitagabend bis Sonntagmittag pro Person 195 €.

Überlebenstraining im Bayerischen Wald 46

Mit der Natur leben, draußen unterwegs sein, bei jedem Wetter. Im Freien schlafen, in einem selbst gebauten Bett aus Blättern und Laub. Mit Steinen ein Feuer entzünden, Fische zum Abendessen fangen, Kräuter sammeln. Die Wolken als Wetterboten kennenlernen. Nachts den Sternenhimmel bewundern und die Stille genießen.

Leben und Überleben im Wald unter der Anleitung von Profis – das ist nicht nur für gestresste Stadtmenschen ein besonderes Erlebnis! Haben Sie schon einmal eigenhändig ein Waldläuferbett gebaut, mit Schrägdach aus Stangen und Zweigen und nur aus natürlichen Materialien? Oder haben Sie schon einmal selbst im Wald Nahrung aus der Natur beschafft – Beeren und Früchte, Pilze und Heilkräuter? Oder möchten Sie lieber ein paar Fische zum Abendessen fangen, die Sie danach am Lagerfeuer grillen?

Auch der richtige Umgang mit dem Kompass will gelernt sein, ebenso die Orientierung anhand des Sonnenstands oder des Mondes. Außerdem üben Sie sich an diesem Wochenende im Bogen- und Armbrustschießen, was wirklich großen Spaß macht. Und, ganz ehrlich, wann haben Sie zuletzt ein Feuer ohne Feuerzeug oder Streichhölzer entfacht? Ist jetzt der Pfadfinder in Ihnen erwacht?

Der Gründer von »Natur – Erfahren & Lernen«, Hajo Bach, führt seit etwa 20 Jahren Naturerfahrungsseminare für Kinder, Jugendliche und Erwachsene durch. Das Angebot ist sehr breit und richtet sich nach den individuellen Vorstellungen der Teilnehmer.

Je nach Jahreszeit und Wetterlage stehen unter anderem folgende Aktivitäten auf dem Programm: Feuer machen mit Feuerstein und Feuerbogen, Fische selbst fangen und zubereiten, Wild- und Heilpflanzen kennenlernen, Werkzeuge und Waffen herstellen, Bogen- und Armbrustschießen, Orientierung mit natürlichen und anderen Hilfsmitteln, Erste Hilfe bei Verletzungen und Krankheiten, Knoten-Kunde sowie Klettern und Abseilen am Fels.

Anfahrt **Öffentlich:** Mit dem Zug von Zwiesel nach Frauenau. **Auto:** Über Zwiesel auf der St 2132 nach Frauenau.

Informationen Freiherr von Poschinger Glasmanufaktur, Moosauhütte 14, 94258 Frauenau, Tel. 09926/94010; www.poschinger.c Manufakturbesichtigung: Mo–Mi, Fr stdl. von 10–14 Uhr, im Rahmen der Besichtigung könne die Gäste Blumenkugeln blasen; Sa Führungen für Gruppen nach Voranmeldung; Do 10–14 Uh Blumenkugeltag.

1200 Grad heiß: Ein einmaliges Souvenir! 47

Im weltweit ältesten Familienbetrieb selbst Glas blasen und die ganz persönliche Blumenkugel als Souvenir mitnehmen: Das können Sie in der traditionsreichen Glasmanufaktur Freiherr von Poschinger in Frauenau, wo seit knapp 450 Jahren Glas verarbeitet wird. Doch wie geht das eigentlich – Glas blasen?

Den Anfang übernimmt für Sie der Glasmacher. Er formt eine kleine Kugel, die Grundform für Ihre Blumenkugel. Dann suchen Sie die Farbe aus – Blau, Rot, Grün oder lieber mehrfarbig –, und die Kugel wird in farbige Glasbrösel getupft. Nun kommt sie für etwa eine Minute in den 1200 Grad heißen Ofen.

Und dann ist es so weit: Sie pusten – aber bitte ganz vorsichtig! – in die Glaspfeife. Wenn nötig, hilft der Glasbläser. Durch die natürliche Schwerkraft hängt die Kugel nach unten, und es bildet sich ein Stiel. Jetzt wird sie noch für ca. 15 Minuten neben die heiße Ofenöffnung zum Abkühlen gelegt, abgeschnitten und abgeschliffen – und fertig ist Ihre Blumenkugel! Sie ist nicht nur einmalig, sondern auch praktisch: Mit Wasser gefüllt, ist sie eine Bewässerungshilfe für jeden Blumentopf!

Bei der anschließenden Führung durch die historische Glasmanufaktur erleben Sie, wie vor Ihren Augen wunderschöne, mundgeblasene und handgefertigte Gläser entstehen. Bereits in der 15. (!) Generation pflegt die Familie Freiherr von Poschinger dieses jahrhundertealte Kunsthandwerk hier in Frauenau. Seit 2007 leitet Benedikt Freiherr von Poschinger die Geschäfte – damit besitzt die Manufaktur die weltweit längste Familientradition. Zu ihren Kunden zählen Privatpersonen mit Sinn für das Besondere ebenso wie renommierte Firmen, europäische Adelshäuser und sogar arabische Scheichs – sie alle lassen sich hochwertige Spezialanfertigungen herstellen.

Doch auch ganz »normales« Glas gibt es hier zu kaufen, schöne Trinkgläser, Vasen, Gartenkugeln … lassen Sie sich einfach vom vielfältigen Angebot des manufaktureigenen Ladens überraschen!

Anfahrt **Öffentlich:** Regionalbahn von Zwiesel nach Spiegelau, dort mit Bus 6202 zum Tiergelände Neuschönau. **Auto:** In Hengersberg Richtung Grafenau, am Kreisverkehr Grafenau Richtung Spiegelau–Neuschönau.

Informationen Tourismusbüro Neuschönau, Kaiserstraße 13, 94556 Neuschönau, Tel. 08558/960328; www.neuschoenau.de. Der Weg ist auch für Kinderwagen geeignet.

Preise Der Eintritt zum Tierfreigelände ist kostenlos.

Alter Schwede: Elche in Niederbayern! 48

Wer ist Ihr Liebling: der kräftige Jungspund Putte oder eine der beiden zarteren Damen Lillemor und Gunel? So heißen die drei schwedischen Elche, die sich ganz ungeniert bei ihrer Lieblingsbeschäftigung, dem Äsen, zuschauen lassen. Und das Beste ist: Sie müssen dafür nicht nach Schweden fahren, sondern nur in den Bayerischen Wald.

Wenn Ihre Kinder Elche nur als nettes Schmusetier von Ikea kennen, dann planen Sie doch für das nächste Wochenende einen Ausflug in den Nationalpark Bayerischer Wald. Ein Besuch bei den echten »Nordhirschen« ist ein unvergessliches Erlebnis: Denn die mächtigen, mehrere Hundert Kilo schweren Tiere sehen einfach witzig aus mit ihrer charakteristischen überhängenden Oberlippe und der typischen Halswamme, die »Bart« genannt wird.

Damit Sie die Tiere in dem drei Hektar großen Freigelände zu Gesicht bekommen, sollten Sie ein wenig Geduld und etwas mehr Zeit mitbringen und – ganz wichtig – möglichst kurz vor Einbruch der Dämmerung oder frühmorgens auf die Pirsch gehen. Dann ist es angenehm frisch – und das lieben die Nordlichter! Denn Elche vertragen eines überhaupt nicht: Temperaturen über zehn Grad Celsius. Dann fangen sie mächtig an zu schwitzen und haben richtig Stress. Deshalb ziehen sie sich bei Wärme am liebsten unter schattige Bäume oder in seichte Sümpfe zurück und ruhen sich aus.

Die Lieblingsspeisen von Putte, Lillemor und Gunel sind übrigens Tannen- und Fichtennadeln – und von denen gibt es ja im Nationalpark Bayerischer Wald mehr als genug. Nur wenn im Winter die Natur nicht mehr ausreichend Futter hergibt, werden die »alten Schweden« von den Tierpflegern des Nationalparks mit allem versorgt, was sie zum Wachsen und Leben benötigen. Wen wundert es also, dass sie sich selbst im tiefsten Niederbayern wohlfühlen! Und zwar so wohlfühlen, dass, wenn alles gut geht, sogar bald Nachwuchs erwartet wird … das erste bayerische Elchkälbchen!

49 Zu Besuch bei Asterix und Obelix

Lange wurde er von den Nachbarn nur belächelt, der Bauer und Hobbyarchäologe Paul Freund aus Ringelai, der auf seinen Äckern im Laufe der Zeit über 30 000 Scherben und Steine zusammentrug. Einige Fundstücke kamen ihm besonders vor – und tatsächlich, Wissenschaftler der Uni Passau identifizierten sie als keltische Relikte.

Von da war es nicht mehr weit zur Idee, in Ringelai im Bayerischen Wald ein Keltendorf aufzubauen und mit Leben zu füllen. Beim Rundgang durch Gabreta, wie das niederbayerische Keltendorf heißt, fühlt man sich fast wie bei Asterix und Obelix, die übrigens gallische Kelten waren. Wie hat dieses faszinierende Volk gelebt? Wie sahen die Häuser aus? Warum waren die Kelten so geschickte Handwerker? Welche Bedeutung haben ihre geheimnisvollen Gräber?

Antworten darauf bekommen Sie praxisnah durch zahlreiche Aktionen, die vor allem in den Schulferien angeboten werden. Im Herrenhaus können Sie Brotfladen backen, im Grubenhaus am Webstuhl sitzen. Wie groß das Wissen der Kelten um Heil- und Färbekräuter war, zeigt der Besuch des Kräutergartens. Danach geht's zur Stärkung in die Keltenstube, wo für Ihr leibliches Wohl gesorgt wird.

ANTENNE BAYERN TIPP

Ein einzigartiges Erlebnis sind die keltischen Feste »Beltane«, »Lugnasad« und »Samhain«, die in Gabreta gefeiert werden.
Die jeweiligen Termine finden Sie unter www.gabreta.bfz.de.

Anfahrt **Öffentlich:** Zug nach Grafenau, von dort Bus nach Ringelai/Lichtenau. **Auto:** Nach Grafenau, weiter nach Lichtenau.

Informationen Archäologischer Erlebnispark im bfz Gabreta, Lichtenau 1 a, 94160 Ringelai, Tel. 08555/407310; www.gabreta.bfz.de.

Preise Eintritt inkl. Audioguide: Kinder (ab 6 Jahre) 4,50 €, Erwachsene 6,50 €, ermäßigter Eintritt (Schüler, Studenten, Rentner, Behinderte od. Gästekarte) 5,50 €, Familienkarte (ab 3 Personen, inkl. Audioguide) 13 €, Aktionen wie Backen, Töpfern 1–4,50 €.

50 Tonnen bewegen? Kein Problem! 50

Sich einmal im Leben bärenstark fühlen und einen riesigen Stein bewegen, der mindestens 50 Tonnen wiegt? Das ist keineswegs unvorstellbar. Denn genau das können Sie auf einer vier Kilometer langen Rundwanderung zwischen Vilshofen und Grafenau ausprobieren. Sogar Kinder schaffen das!

Auf dem höchsten Punkt der Rundwanderung kommen Sie zu einem Plateau mit mehreren Steinen. Auffällig ist ein großer Block, dessen gewölbte Unterseite auf einer fast ebenen Felsplatte steht. Der sogenannte »Wackelstein« ist oben flach, seine Kanten sind drei bis vier Meter lang. Bevor Sie angesichts der Größe dieses Kolosses Ihr Mut verlässt, versuchen Sie mal, diesen riesigen Stein kräftig zu schubsen. Und dann schauen Sie, was passiert – tatsächlich, er wackelt … oder schaukelt! Der Grund dafür: Dank seiner gewölbten Unterseite liegt er nicht ganz auf dem Untergrund auf. Dennoch ist er in Balance und kippt nicht um. Wird er aber kräftig angestoßen, gerät der Stein für kurze Zeit in Bewegung. Solche Wackelsteine sind das Ergebnis der »Wollsackverwitterung«. Das heißt, dass die Steine im Laufe der Zeit durch chemische und physikalische Zersetzungs- und Zerstörungsprozesse eine sackartige, an den Kanten gerundete Gestalt angenommen haben. Deshalb sind Wackelsteine auch nicht für die Ewigkeit geschaffen, denn das Gestein ist weiterhin der Verwitterung ausgesetzt. Also nicht zu lange warten mit dem Ausflug zum Wackelstein!

Die Rundwanderung beginnt im Ortsteil Entschenreuth am Ende der Straße »Zum Wackelstein«, wo man parken kann. Zunächst läuft man in Richtung Saldenburg, später folgt man der Markierung Nr. 84. Die Gehzeit beträgt eineinhalb bis zwei Stunden.

Anfahrt **Öffentlich:** Zug nach Passau, Bus 6121 nach Saldenburg/Entschenreuth. **Auto:** Auf der B 85 Richtung Regen, über Tittling nach Saldenburg, dort über Hundsruck in den Ortsteil Entschenreuth.

Anfahrt **Öffentlich:** Mit dem Zug nach Passau. **Auto:** A 92 nach Passau.

Informationen »Der Ausrüster«, Brunngasse 7, 94032 Passau, Tel. 0851/4909549, Mo–Fr 9.30–19, Sa 9.30–17 Uhr; www.der-ausruester.de; nähere Informationen und eine genaue Tourbeschreibung inkl. GPS-Koordinaten: www.cmp.citygutschein-passau.de/pic_news/cmp_13.pdf.

In Passau auf GPS-Schatzsuche

51

Barock und Hightech passen nicht zusammen? Von wegen! Die barocke Altstadt von Passau per GPS erkunden, dabei spielerisch die schönsten Sehenswürdigkeiten und Plätze kennenlernen, knifflige Rätsel und Aufgaben lösen und am Ende einen Schatz entdecken – das ist garantiert spannender als jede Stadtführung!

Für Ihre moderne Schatzsuche per Satellit durch das historische Passau brauchen Sie ein mobiles GPS-Gerät oder ein GPS-fähiges Smartphone, einen Stift und die Tourbeschreibung mit den Koordinaten der einzelnen Stationen. Sie können auch ein anderes Navigationsgerät benutzen, wenn die Eingabe von Koordinaten möglich ist. Testen Sie aber vorher die Genauigkeit des GPS-Empfängers. Und wenn Sie (noch) kein eigenes Gerät haben, leihen Sie es einfach beim »Ausrüster« in Passau aus.

Auf Ihrer abwechslungsreichen, zweieinhalb Kilometer langen Entdeckertour erkunden Sie insgesamt acht Highlights der Passauer Altstadt. Der erste Wegpunkt ist der Dom, die berühmteste Kirche der Stadt. Nach einer kurzen Beschreibung seiner wechselhaften Geschichte sind Sie gefragt, das erste Rätsel zu lösen. Haben Sie es geknackt? Dann notieren Sie das Lösungswort, denn am Ende Ihrer Tour ergeben alle richtigen (!) Lösungswörter zusammen den Lösungssatz – den brauchen Sie, um den Schatz zu heben. Und schon geht's weiter zur nächsten Station …

Ein Besuch in Passau wäre nicht vollständig ohne eine Schifffahrt auf der Donau. Besonders stimmungsvoll ist sie mit der nostalgischen Donauarche. Zur Auswahl stehen mehrere Fahrten und Strecken, mit einer Dauer von zwei bis fünf Stunden oder länger. Immer dabei ist bayerische Live-Musik, auch für Verpflegung ist gesorgt, und im Sommer sitzt man sehr schön im kleinen »Biergarten« an Bord!

ANTENNE BAYERN TIPP

Diese moderne Art der Schatzsuche macht nicht nur in Passau Spaß. Auch Wanderungen und Bergtouren lassen sich mithilfe von GPS spielerisch gestalten – und wetten wir, dass plötzlich auch die Kids wieder gerne mitkommen, die vorher immer nur genörgelt haben?

Anfahrt **Öffentlich:** Regionalexpress nach Wörth an der Isar, weiter mit dem Taxi. **Auto:** A 92 Ausfahrt Wörth, dann Richtung Wörth/Dingolfing, beim Kreisverkehr zweite Ausfahrt, beim nächsten Kreisverkehr dritte Ausfahrt bis Wörth. 250 m nach Ortsende rechts Einfahrt zum Wakelake.

Informationen Wakelake©, Landshuter Straße 96, 84109 Wörth an der Isar, Tel. 08702/918313; www.wakelake.info.

Preise Schüler u. Studenten 1 Std. 15 €, Erwachsene 1 Std. 19 €.

Wakelake – Wasserski am Wörther See

52

Karibik-Feeling mitten in Niederbayern – einfach crazy! Am Wörther See im Landkreis Landshut, dem größten Freizeitzentrum der Region, erleben Sie Badespaß und Sandstrand wie in karibischen Gefilden. Ob Wasserski, Beachvolleyball oder Boule – hier findet jeder das, was ihm Spaß macht!

Die meisten Gäste kommen zum Wasserskifahren und Wakeboarden hierher – und drehen ihre Runden auf der Wasserski-Seilbahn, die absolut gefahrlos und umweltfreundlich ist. Anders als bei der herkömmlichen Praxis, sich von einem Motorboot ziehen zu lassen, sind hier auf einer relativ kleinen Wasserfläche von ungefähr fünf Hektar bis zu neun Personen gleichzeitig auf dem Wasser.

Dank der modernen Technik können auch Anfänger diese Fun-Sportarten leicht erlernen. Je nach Erfahrung und Sportgerät kann die Geschwindigkeit des Umlaufseils auf bis zu 61 Stundenkilometer heraufgeregelt werden. Mit dem Wakeboard kann man kaum schneller als 40 km/h fahren, mit einem Monowasserski sind dagegen 58 km/h möglich. Durch Slalomfahren können die Profi-Läufer sogar Geschwindigkeiten von über 100 Kilometer pro Stunde erreichen.

Und wenn Sie sich genug auf dem Wasser ausgetobt haben, gibt es eine ganze Reihe weiterer Vergnügungen: Zwei Beachvolleyball-Plätze, ein Spielplatz für die Kleinen, diverse Grillplätze und sogar eine Hundeliegewiese für die liebsten Begleiter erwarten den Besucher. Wer es lieber chillig mag, setzt sich in den gemütlichen Strandgarten, einen bayerischen Biergarten mit allem, was dazu gehört, sogar mit karibischem Palmenflair. Bei schönem Wetter hat die Strandbar am Abend bis 23 Uhr geöffnet und verwöhnt Sie nicht nur mit leckeren Cocktails, sondern auch mit guter Musik.

ANTENNE BAYERN TIPP

Am Wakelake lässt es sich wunderbar feiern – Bar, Grill, Biergarten, Badesee und Wasserski, da ist immer ein spannendes Programm geboten. Wie wäre es zum Beispiel mit der nächsten Geburtstagsparty hier?

Anfahrt **Öffentlich:** Regionalzug nach Bruck, Taxi nach Bruckbergerau (ca. 2 km). **Auto:** A 92 Ausfahrt Landshut-West Richtung Bruckberg, auf der St 2045 nach Bruckbergerau.

Informationen Historische Fahrräder Bruckbergerau, Matthias Schmid, Auenstraße 5, 84079 Bruckbergerau-Ost, Tel. 08765/699, 0177/4724358 (telefonische Anmeldung erforderlich).

Preise Matthias Schmid freut sich über ei kleine Aufmerksamkeit, sie ist aber keine Pflich

Beinahe wie Fliegen: Hochradfahren

53

»Schön das Gleichgewicht halten und immer in Bewegung bleiben!«, rät Matthias Schmid, und der muss es ja wissen. Seit über 20 Jahren sammelt er historische Fahrräder. Besonders stolz ist er auf seine einzigartige Kollektion von 20 Hochrädern. Einzigartig ist auch, dass Besucher hier nicht nur gucken, sondern selbst fahren dürfen!

»Man fängt mit 28 Zoll an und steigert sich dann langsam, je nach Körpergröße, auf bis zu 50 Zoll«, berichtet Matthias Schmid über seine Erfahrungen mit den »Fahrschülern«, die zu ihm in die Bruckbergerau kommen. »Und nicht vergessen: Hochräder haben weder Gangschaltung noch Bremse!«, erklärt er.

Auf alle Fälle ist Hochradfahren ein Mordsspaß, auch wenn es vielleicht nicht gleich auf Anhieb klappt. Sie werden sehen: Wenn Sie erst einmal oben sind, mit den Füßen mehr als einen halben Meter über dem Boden, fühlt es sich an, als würde man schweben! Mit normalem Radfahren ist das überhaupt nicht zu vergleichen. Auch Kinder können es lernen, denn Schmid hat mehrere Mini-Hochräder speziell für sie. »Keine Sorge, das Fahren mit dem Hochrad ist leichter zu lernen, als es aussieht«, sagt Schmid. Außerdem wohnt er gleich bei den Isarauen, die Radstrecke ist also recht flach.

Vor oder nach der Fahrstunde sollten Sie außerdem unbedingt Schmids umfangreiche Sammlung historischer Hochräder, Laufräder und Fahrräder besichtigen – selbst eine Rikscha ist dabei. Gerne führt er Ihnen die altmodischen Fahrzeuge vor, und zu jedem Rad weiß der fachkundige Sammler auch eine kleine Geschichte zu erzählen oder weist auf eine Besonderheit hin.

Übrigens: Schon der bekannte amerikanische Schriftsteller Mark Twain zeigte sich begeistert von dieser damals neuen Art der Fortbewegung. In seinem Essay *Wie man das Hochrad zähmt* aus dem Jahr 1884 schrieb er: »Nimm ein Hochrad. Du wirst es nicht bereuen, falls du es überlebst.«

Anfahrt **Öffentlich:** Zug nach Abensberg, Bus 6023 nach Untermantelkirchen. **Auto:** A 93 Ausfahrt Siegenburg, auf B 299 in Richtung Neustadt a. d. Donau/Bad Gögging, dann auf B 299 und auf St 2333 bis Untermantelkirchen.

Informationen Tourismusverband Landkreis Kelheim, Donaupark 13, 93309 Kelheim, Tel. 09441/207330; www.tourismus-landkreis-kelheim.de.

Für Bierfans: Hopfenzupfen wie in alter Zeit

54

Einheimische wie Gäste sind begeistert von Norbert Rieders Hopfenzupferlehrgang – dort lernen sie, wie das ursprüngliche Hopfenzupfen, das noch vor zwei Generationen gang und gäbe war, per Hand funktioniert. Treffpunkt ist der Hopfengarten beim Hallertauer Bauernhofmuseum in Untermantelkirchen in Niederbayern.

Doch bevor es losgeht, werden die »Hopfenzupferlehrlinge« zunächst mit dem deftigen »Hopfenzupfermahl« verköstigt – bestehend aus einer kräftigen Nudelsuppe sowie Schweinsbraten mit Kartoffel-Endivien-Salat. Dann geht's an die Arbeit. »Hier draußen ist der Platz zum Hopfenzupfen ideal«, schwärmt Norbert Rieder. Der Erfolg gibt ihm recht. Es ist schon erstaunlich, mit wie viel Elan und Interesse sich die Besucher bei der Hopfenernte einbringen!

Weil das Interesse am Hopfenzupfen so groß ist, hat sich Norbert Rieder mit dem Rohrer Bauernverein zusammengetan, um noch mehr Menschen vorzuführen, wie man früher Hopfen zupfte. So ist die Idee eines jährlichen Hopfenzupferfests entstanden, bei dem die Besucher selbst die Dolden per Hand von der Rebe zupfen können. Außerdem werden die nachfolgenden Arbeitsschritte, wie das Trocknen und Hopfentreten, gezeigt. Weitere Themen sind die Verköstigung und die damals unglaublich geringe Bezahlung der Arbeitskräfte, die doch einer harten Tätigkeit nachgingen. Führungen durch den benachbarten Hopfenbetrieb der Familie Lidl, einem der modernsten Betriebe in der Hallertau, verdeutlichen, wie die Hopfenernte inzwischen modernisiert wurde und technisch fortschritt, sodass heute deutlich mehr erwirtschaftet wird. Die dortige Darre ist zum Beispiel ca. 85 Quadratmeter groß. Zum Vergleich: Die Hopfendarre von 1945 im Hopfenmuseum umfasst lediglich vier Quadratmeter!

ANTENNE BAYERN TIPP

Wussten Sie, dass Hopfen nicht nur zur Herstellung von Bier verwendet wird? Hopfensprossen, auch Hopfenspargel genannt, sind als edles Gemüse bei Feinschmeckern überaus beliebt! Einfach mal ausprobieren!

55 Mit der Seilfähre über die Donau

Ganz ohne Technik und Strom, nur mithilfe der Flussströmung und des Fährmanns die Donau auf einer Querseil-Fähre überqueren – wie vor 700 Jahren! Auch heute noch ist es ein außergewöhnliches Erlebnis, auf der romantischen Fähre von Eining nach Hienheim oder andersrum zu fahren.

Einheimische, Radfahrer, Wanderer, Motorrad- und Autofahrer, alle genießen dieses umweltbewusste Vergnügen und lassen sich gern ein Stück mit der Strömung treiben. Die Eininger Fähre wurde erstmals im Jahr 1270 erwähnt, blickt also auf eine lange und bewegte Vergangenheit zurück. Mehrmals wurde sie durch kriegerische Auseinandersetzungen, aber auch durch Naturgewalten zerstört, aber immer wieder in Gang gesetzt. Und was die Sicherheit angeht, brauchen Sie sich keine Gedanken zu machen: Die Fähre war erst unlängst beim TÜV.

Am Eininger Donauufer erwartet Sie ein weiterer Geheimtipp: der kleine, improvisierte Biergarten »An der Fähre« direkt am Wasser. Es ist einfach zu schön, hier zu sitzen und auf die vorbeifließende Donau zu schauen – besonders am Abend, wenn die Sonne über der Donau untergeht. Romantik pur! Die Atmosphäre ist locker und ungezwungen, der Wirt sehr nett und immer zu einem Scherz aufgelegt. Und das Weltenburger Bier schmeckt einfach köstlich!

ANTENNE BAYERN TIPP

Wenn Sie zusätzlich ein Kulturprogramm suchen, werden Sie in der näheren Umgebung fündig: Das berühmte Kloster Weltenburg ist nur wenige Kilometer entfernt; www.weltenburg.de.
Ebenfalls nahe Eining, im Naturpark Altmühltal, befindet sich das teilweise rekonstruierte Römerkastell Abusina; www.altmuehltal.de/bad-goegging/abusina.htm.

Anfahrt **Öffentlich:** Zug nach Ingolstadt, Regionalbahn nach Abensberg, Bus 6018 nach Eining. **Auto:** A 93 Ausfahrt Siegenburg, B 299 Richtung Neustadt, dort Richtung Kehlheim bis Eining.

Informationen Nikolaus Werner, Tel. 09445/1613 bzw. 0151/23313996.

Preise Kinder 0,50 €, Erwachsene 1 €; Pkw 2 €, Motorrad 1 €.

König Ludwig auf der Wiesn.
König Ludwig
Weissbier
Bier von königlicher Hoheit. Gebraut von Prinz Luitpold von Bayern.

Anfahrt **Öffentlich:** Zug nach Ingolstadt, Regionalbahn nach Adelschlag, danach 25 Min. Fußweg. **Auto:** A 9 Ausfahrt Ingolstadt, Richtung Eichstätt, weiter auf B 13, im Kreisverkehr zweite Abfahrt auf EI 8, links auf EI 15, rechts auf St 2035 bis Möckenlohe.

Informationen Öffnungszeiten außerhalb des Römerfestes: Di–Fr 15–16 Uhr, Sa, So, Fei 13–17 Uhr; nach telefonischer Voranmeldung Führungen auch zu anderen Zeiten möglich. Verein Römervilla Möckenlohe e. V., Tauberfelde Weg 1, 85111 Möckenlohe, Tel. 08424/277; www.roemervilla-moeckenlohe.de.

Preise Kinder 1,50 €, Gruppen u. Schulklassen 1 €, Erwachsene 2,50 €, Gruppen (ab 7 Erwachsene) 2 €; das Römerfest am ersten Augustwochenende ist kostenlos.

Antikes Wochenende mit echten Römern 56

»Römische« Bauern bestellen mit Ochsen das Feld und führen ihre Werkzeuge vor, Händler bieten auf dem Markt ihre Waren an, Pferde werden vor die Quadriga gespannt und Kinder dürfen eine Runde auf dem Streitwagen fahren – am ersten Augustwochenende ist in Möckenlohe alles wie vor 2000 Jahren!

Einmal im Jahr ist der römische Gutshof in Möckenlohe Schauplatz regen historischen Treibens: Jeweils am ersten Wochenende im August wird hier das Erntedankfest zu Ehren der Wachstums- und Fruchtbarkeitsgöttinnen Ceres und Epona gefeiert – und Gäste sind herzlich eingeladen, dem fröhlichen Spektakel beizuwohnen. Zwei Tage lang herrscht jetzt römisches Lagerleben und Markttreiben mit allem, was dazugehört: römisch-germanische Küche, Lagerfeuer, Brot backen und Münzen prägen. Höhepunkt ist der bäuerliche Festzug – bis ein Überfall der Alemannen dem Ganzen ein Ende setzt!

Und tatsächlich waren es die Alemannen, die im Jahr 233 n. Chr. dafür gesorgt hatten, dass der römische Gutshof verlassen wurde. Wer hier gelebt hatte, ist nicht bekannt. Auf alle Fälle war der Eigentümer recht wohlhabend, das haben Archäologen aus der anspruchsvollen Bauweise und Ausstattung geschlossen. Die Räume wurden mittels Hypokaustheizung (einer Art Fußbodenheizung) beheizt und die Fenster des Gutshofs waren sogar verglast.

Entdeckt wurde der Gutshof durch einen reinen Zufall, als nämlich der Landwirt Michael Donabauer im Jahr 1963 hinter seinem Aussiedlerhof auf Mauerreste stieß. Zwanzig Jahre später, 1983, lieferte die Luftbildarchäologie dann erste Grundrisse von Gebäuderesten unter dem bebauten Ackerboden. 1993 wurde der römische Gutshof schließlich ausgegraben und über den originalen Grundmauern rekonstruiert. Die gefundenen Gegenstände sind allesamt an Ort und Stelle in der sogenannten *villa rustica* ausgestellt, sodass sich ein Besuch auch außerhalb des Erntedankfestes lohnt.

Anfahrt **Öffentlich:** Zug nach Ingolstadt. **Auto:** A 9 Ausfahrt Ingolstadt.

Informationen Dr. Frankensteins Mystery Tour, Jesuitenstraße 9, 85049 Ingolstadt, Tel. 0841/95199960; www.frankenstein.at.

Preise Pro Person 9,50 €.

Mit Frankenstein durch Ingolstadt

57

Seit Jahren geht das schon so: Immer wieder spukt der Geist von Dr. Frankenstein durch die Gassen der Ingolstädter Altstadt. Kein Wunder, hat er doch vor fast 200 Jahren hier als Student der Anatomie Leichenteile von Friedhöfen und Gebeinhäusern zusammengetragen … und daraus eine menschenähnliche Gestalt geschaffen.

Wenn Sie starke Nerven haben – aber bitte wirklich nur dann! –, begleiten Sie Dr. Frankenstein und seinen Gehilfen Igor bei ihrem nächtlichen Spaziergang. Doch Vorsicht, Sie können nie sicher sein, wer oder was Sie hinter der nächsten Ecke erwartet … Möglicherweise begegnet Ihnen im düsteren Schein der Fackeln so manch gefährliche Gestalt und geheimnisvolle Kreatur. Und sicher weiß Frankenstein Schauriges von seinem Monster, von Hexenverbrennungen, Hinrichtungen und dergleichen mehr zu erzählen!

Ob Sie es glauben oder nicht: Frankenstein hat tatsächlich hier studiert – so steht es zumindest im Roman *Frankenstein oder Der moderne Prometheus* zu lesen, den die damals erst neunzehnjährige Engländerin Mary Shelley 1816 schrieb. Vermutlich war die junge Schriftstellerin zwar selbst nie da, kannte die Stadt aber dank ihrer langen Medizingeschichte: 1472 wurde in Ingolstadt die erste bayerische Landesuniversität für Medizin gegründet, die spätere Medizinische Fakultät.

Entstanden ist die »Mystery Tour« im Jahr 1995 eher durch einen Zufall: Damals überlegten die Ingolstädter, wie sie Jugendlichen aus den Partnerstädten die Geschichte ihrer Heimatstadt auf unterhaltsame Art und Weise näherbringen könnten. Dann hatten sie plötzlich die zündende Idee: Wer wäre dafür besser geeignet als der berühmteste Student der Universität von Ingolstadt?

ANTENNE BAYERN TIPP

Auch jenseits von Dr. Frankenstein lohnt Ingolstadt mit seiner mittelalterlichen Befestigungsmauer und den Wehranlagen einen Besuch. In der Altstadt gibt es zahlreiche schöne historische Gebäude wie das Münster, das Kreuztor und das Franziskanerkloster.

58 Der Barthelmarkt in Oberstimm

Es ist eines der ältesten Volksfeste Deutschlands und noch mehr. Auch heute noch ein Fest mit viel altem Charme, gleichzeitig aber jung und angesagt. Mit Pferderennen am Samstag und Rossmarkt als Höhepunkt am Montag früh. Festlich wird's immer am letzten Augustwochenende und nur für vier Tage.

Am Freitag vor dem letzten Augustwochenende macht in Oberstimm jeder schon mittags Feierabend. Dann geht's heim, rein in Lederhos'n oder Dirndl und auf zum Kirchplatz. Wenn um drei Uhr das Standkonzert beginnt, ist kein Platz mehr frei. Danach ziehen alle geschlossen zum Bieranstich – der Barthelmarkt ist offiziell eröffnet. Bis Mitternacht sitzt man gemütlich beieinander, feiert, isst und trinkt. Und spätestens beim Barthelmarkt-Lied tanzen alle auf den Bänken und singen lautstark mit!

Doch der Barthelmarkt ist mehr als ein »normales« Volksfest. Das zeigt sich gleich am Samstag beim traditionellen Pferderennen mit feierlicher Preisverleihung. Der unbestrittene Höhepunkt aber ist der große Rossmarkt am Montagmorgen, wenn sich um sechs Uhr früh Händler, Käufer, Bauern und Schaulustige, um Pferde und andere Tiere zu verkaufen und zu kaufen. Dieser Markt war der Ursprung des Barthelmarkts, schriftlich erwähnt bereits 1354. Wer hätte damals gedacht, dass der Markt bis ins 21. Jahrhundert überdauern würde?

ANTENNE BAYERN TIPP

Familien mit Kindern schätzen vor allem den Freitag auf dem Barthelmarkt: Dann gibt es an allen Fahrgeschäften ermäßigte Preise.

Anfahrt **Öffentlich:** Zug nach Ingolstadt, Bus 16 nach Oberstimm. **Auto:** A 9 Ausfahrt Manching bzw. Neuburg, zunächst Richtung Regensburg/Neustadt a. d. Donau/Neuburg, dann Richtung Manching/Ingolstadt/Neuburg a. d. Donau auf B 16 abbiegen und bis Oberstimm fahren.

Informationen Markt Manching, Ingolstädter Straße 2, 85077 Manching, Tel. 08459/850; www.manching.de, www.barthelmarkt.com. 2012 findet der Barthelmarkt vom 24.–27. 8. statt.

Auf den Spuren eines sechsfachen Mordes

59

Nebel wabert übers Land, Laternen flackern, der Ruf eines Käuzchens ertönt aus dem Wald. Total gruselig. Vor 90 Jahren passierte hier ein grausames Verbrechen, bis heute eines der größten Rätsel der bayerischen Kriminalgeschichte: In der Nacht zum 1. April 1922 wurden alle sechs Bewohner des Einödhofs Hinterkaifeck brutal getötet …

… und Sie können an den Originalschauplätzen auf Spurensuche gehen! Seit mehreren Jahren bietet Gästeführerin Maria Weibl geführte Wanderungen rund um die Hinterkaifecker Morde an – und die Gäste sind begeistert. Schließlich hat man schon einiges über die rätselhaften Morde gehört, mehrere Filme wurden gedreht, die bekannteste Verarbeitung ist der Krimi *Tannöd* von Andrea Maria Schenkel.

Vor der Spurensuche gibt es erst einmal ein delikates Vier-Gänge-Menü im Gasthaus Bogenrieder in Waidkofen. Danach geht's mit Laternen durch die dunkle Landschaft, und Maria Weibl erzählt vom Ehepaar Gruber, der verheirateten Tochter Frau Gabriel, ihren Kindern Cilli und Josef und der Magd Maria Baumgartner, vom Inzestverhältnis zwischen Vater und Tochter und natürlich von den brutalen Morden.

Trotz umfangreicher Recherchen und mehrerer Verdächtiger wurde der Mörder nie gefasst, auch das Motiv ist bis heute ungeklärt: Raubmord? Beziehungstat? Welche Rolle spielte die neue Magd? War die Tat eine Rache für den Inzest? »Das wird nie mehr geklärt werden«, meint Maria Weibl auf dem Waidhofener Friedhof, wo die Opfer begraben liegen, übrigens alle ohne Kopf. »Die Morde werden immer ein Mythos bleiben.«

Anfahrt **Auto:** A 9 Ausfahrt Langenbruck Richtung Augsburg, links auf St 2049, dann links auf B 300 bis Ausfahrt Richtung Waidhofen-Ost/Brunnen/Koppenbach, links auf ND 22 fahren bis Waidhofen.

Informationen Maria Weibl, Rettenbacher Straße 13, 86529 Schrobenhausen, Tel. 08252/3422.

Preise Laternenwanderung mit 4-Gänge-Menü und Punsch pro Person 31 €.

Anfahrt **Öffentlich:** Mit der Regionalbahn nach Schrobenhausen. **Auto:** A 9 Ausfahrt Langenbruck Richtung Augsburg, links auf St 2049, links auf B 300, rechts auf St 2046, links auf Ingolstädter Straße, im Kreisverkehr zweite Ausfahrt, rechts auf Ulrich-Peißer-Gasse bis Schrobenhausen.

Informationen Stadt Schrobenhausen, Lenbachplatz 18, 86529 Schrobenhausen, Tel. 08252/900; www.schrobenhausen.de. Spargelhof Koppold, Theresia u. Jakob Koppold Obere Ortsstraße 6, 86565 Gachenbach, Tel. 08259/482; www.spargelhof-koppold.de.

Spargel selber stechen – gar nicht so einfach! 60

Schrobenhausen liegt im größten Spargelanbaugebiet Bayerns, seit 1912 wird hier das köstliche Gemüse angebaut. Deshalb zieht der Ort vor allem während der Spargelzeit Besucher an. Dann kann man hier sogar selbst Spargel stechen! Doch auch sonst ist ein Ausflug in das hübsche Städtchen mit seiner mittelalterlichen Altstadt reizvoll.

Sich einmal als Spargelbauer zu betätigen und eigenhändig Spargel zu stechen – auf dem Spargelhof Koppold bei Schrobenhausen können Sie das zwischen dem 20. April und dem 24. Juni erlernen. Sie werden feststellen, dass das richtige Stechen – ohne die kostbaren Stangen abzubrechen – gar nicht so einfach und echt anstrengend ist! Dafür ist man am Ende richtig stolz auf den »selbst erarbeiteten Spargel« und bekommt sogar ein Spargeldiplom. Und was meinen Sie, wie gut frisch gestochener Spargel schmeckt! Natürlich gibt es auch andere Köstlichkeiten zu probieren wie Bauerngeräuchertes, Bauernbrot und sogar Spargelkäse.

Außerdem erwartet Sie in Schrobenhausen ein weltweit einzigartiges Museum. Worum es geht? Dreimal dürfen Sie raten: um Spargel! In einem Turm der Stadtmauer ist dieses einzigartige Museum untergebracht. Hier erfahren Sie alles über Geschichte, Anbau, Ernte und Verarbeitung des kostbaren Gemüses. Besonders spannend ist auch das Thema Spargel in der Kunst, denn die delikaten Stangen haben schon Künstler aus ganz Europa beschäftigt.

Gehen Sie doch im Anschluss gemütlich auf dem alten Stadtwall zwischen mächtigen Kastanien, Eichen und Buchen spazieren, der früher Teil der Stadtbefestigung war. Von hier oben haben Sie einen malerischen Blick auf die mittelalterliche Altstadt. Sehenswert ist auch das Lenbachmuseum mit Werken des hier geborenen »Malerfürsten« Franz von Lenbach.

ANTENNE BAYERN TIPP

Wenn Sie mit dem Auto nach Schrobenhausen kommen, könnten Sie einen Abstecher zu einem der ältesten, größten und eindrucksvollsten Bäume der Umgebung machen: zur Gollingkreuter Eiche bei Sandizell. Mit einem Stammumfang von über neun Metern ist sie immerhin die viertmächtigste Eiche Bayerns!

Anfahrt

Öffentlich: Zug nach Leipheim, vom Bahnhof ca. 2,7 km Fußweg, entweder entlang der GZ 4 Richtung Riedheim/Langenau oder durch den Donauwald; alternativ mit dem Taxi fahren. **Auto:** A 8 Ausfahrt Leipheim, im Ort nach ca. 500 m abbiegen Richtung Riedheim/Langenau, nach ca. 1 km lang gezogene Linkskurve mit Warntafeln, vor den Tafeln rechts auf geteerten Feldweg abbiegen; die Farm liegt ca. 1 km von der Hauptstraße entfernt auf der linken Seite.

Informationen

Straußenfarm Donau moos, Familie Engelhardt, Herdweg 2, 89340 Leipheim, Tel. 08221/273209.

Preise

Kinder (ab 3 Jahre) 2 €, Erwachsene 2,50 €; Führungen ab 10 Personen mit Voranme dung: Kinder (ab 3 Jahre) 3 €, Erwachsene 3,50

Live dabei – beim Straußenschlüpfen

61

Etwas Geduld und Glück brauchen Sie schon, wenn Sie ein Straußenküken beim Schlüpfen beobachten wollen. Dafür ist es aber sehr beeindruckend zu sehen, wie sich das Küken nach und nach durch die Schale des Eis zwängt, schließlich ganz verschmiert und klebrig herausschlüpft und sich mit einem zarten Piep meldet.

Das können Sie auf der Straußenfarm »Donaumoos« in Leipheim miterleben. Die voraussichtlichen Schlüpftermine der Küken im Sommer und Frühherbst werden auf der Homepage angekündigt, damit sich Besucher rechtzeitig auf den Weg machen können. Aber natürlich ist es bei den Straußen nicht anders wie bei uns Menschen: Die Babys kommen dann, wenn sie wollen – bei den exotischen Vögeln normalerweise nach 42 Tagen Brutzeit. Doch allein das Schlüpfen kann bis zu 48 Stunden dauern …

Auch wenn Sie dieses spannende Ereignis vielleicht gerade verpasst haben, ist die Straußenfarm, eine der größten Deutschlands, einen Besuch wert. Denn nach ihrer Geburt werden die flauschigen Straußenküken in besonderen Gehegen aufgezogen, in denen sie aufgeregt hin- und herwuseln und sich gegenseitig das Futter wegpicken. Es macht Spaß, ihnen aus der Nähe zuzusehen! Sobald die Jungstrauße ausgewachsen sind, also eine Kopfhöhe bis zu 2,50 Meter erreicht haben, kommen sie zu den »Erwachsenen« in eines der weitläufigen Freigehege, wo die schnellen Tiere mit den langen Beinen genügend Auslauf haben. Insgesamt leben über 600 Strauße auf der Farm, die ältesten sind schon über 20 Jahre alt, und bis zu 60 Jahre können sie noch werden.

Auf der Straußenfarm können Sie die afrikanischen Laufvögel nicht nur beobachten, sondern außerdem alles rund um die Tiere kaufen – vom Straußenfleisch über Straußenfett bis hin zu den Federn oder der Haut, die zu Leder verarbeitet wird. Ein Blick in den gut sortierten Hofladen lohnt sich unbedingt – und sollte er gerade nicht geöffnet haben: einfach klingeln!

62 Augsburg: Reise durchs Sonnensystem

Ja, Sie haben richtig gelesen. Und nicht nur das. Sie können auch die Milchstraße aus Tausenden von Lichtjahren Entfernung betrachten. Sie sehen Asteroiden vorbeifliegen. Und sie sind bei der ersten Landung auf dem Monds »live« dabei: im Planetarium Augsburg, dem modernsten digitalen Planetarium Süddeutschlands!

DER Kindheitstraum: Astronaut sein. Mit dem Raumschiff zum Mond und zu weit entfernten Galaxien fliegen. Wie klein und zerbrechlich die Erde durch die Sichtluken einer Rakete aussieht! Sogar die Reise zum Mars ist hier schon möglich. Mit dem Weltraum-Simulator können Sie mitten in Augsburg eine täuschend echte Reise ins Weltall unternehmen. Und zu welchem Himmelsobjekt Sie möchten, entscheiden Sie! Sieben digitale Beamer mit spezieller Optik erzeugen in der Kuppel des Planetariums einen überaus realistischen Sternenhimmel. Über Laserstrahlen sehen Sie, wie sich die Planeten bewegen und zueinander verschieben. So wird Astronomie lebendig!

Wie wäre es mit einer Tour durch die Geschichte des Universums? Oder möchten Sie beim Start einer ARIANE-Rakete dabei sein? Wie auch immer – eines ist sicher: Sie werden unvergessliche Stunden erleben und die Welt danach vielleicht mit anderen Augen sehen …

ANTENNE BAYERN TIPP

Auch für Kinder gibt es im Planetarium fantastische Angebote: von »Peterchens Mondfahrt« für die Kleinen bis zur »Kids Night«, einer Sternennacht für Schulkinder.

Anfahrt **Öffentlich:** Zug nach Augsburg, Straßenbahnlinien 1, 2, 4, Buslinien 22, 23. **Auto:** A 8 Ausfahrt Augsburg-Ost, Richtung Augsburg-Zentrum fahren, über Georg-Haindl-Straße, Müllerstraße, Unterer Graben und Leonhardsberg zur Ludwigstraße.

Informationen SparkassenPlanetarium Augsburg, Im Thäle 3 (Naturmuseum), 86152 Augsburg, Tel. 0821/3246740; www.planetarium-augsburg.de. Besuchereingang in den Augusta-Arcaden (ehem. Ludwigspassagen), Ludwigstraße 2.

Preise Schüler u. Studenten 4,50 €, Erwachsene 6,50 €, Familienkarte 15 €.

Rafting-Spaß auf dem Olympia-Eiskanal

63

Der absolute Kick für Rafting-Fans: Mit einem Mini-Raft auf dem legendären Augsburger Eiskanal zu fahren – da schnellt das Adrenalin nur so in die Höhe! Also nicht lang überlegen, sondern rein ins Boot und ab aufs Wasser. Und vielleicht trainiert nach Ihnen ja die Nationalmannschaft, und Sie können noch ein wenig zuschauen …

Auch wenn Sie nicht zu den Rafting-Cracks zählen, sondern noch Anfänger sind, dürfen Sie sich die abenteuerliche Fahrt auf dem Augsburger Eiskanal ruhig zutrauen – schließlich sitzen Sie mit einem ausgebildeten Bootsführer und zwei bis vier anderen Raftern in einem Boot! Außerdem wird der Schwierigkeitsgrad immer an die jeweilige Gruppe angepasst.

Doch egal, ob WW II, III oder IV – immer sind Mut, Teamgeist und Geschicklichkeit gefordert. Bevor Sie Ihre Rafting-Künste beweisen dürfen, werden erst Paddeln, sicheres Sitzen und natürlich auch der Notfall »Mann über Bord« an Land geübt. Danach geht's an der Einstiegsstelle in das eiskalte Wasser – natürlich mit Neoprenanzug, der wie die gesamte Ausrüstung gestellt wird. Gemeinsam durchfahren Sie die gigantische, 660 Meter lange Betonrinne, meistern künstliche Hindernisse wie den »Zuckerhut« oder »Moby Dick« und überwinden einen Höhenunterschied von über vier Metern. Sanfte Wellen wechseln sich mit Stromschnellen, schäumenden Walzen und hohen Wogen ab – am Ziel sind Sie klatschnass, haben aber garantiert Lust auf den nächsten, etwas waghalsigeren Durchgang.

Anfahrt **Öffentlich:** Zug nach Augsburg-Hochzoll, ca. 10 Min. Fußweg. **Auto:** A 8 Ausfahrt Augsburg-Ost, Richtung Füssen fahren, an der Kreuzung Berliner Allee/Friedberger Straße geradeaus, nach ca. 800 m Parkplatz des Stadions.

Informationen Rafting Tours Augsburg, Gögginger Straße 50, 86159 Augsburg, Tel. 0821/550055; www.raftingcanyoning.de.

Preise Pro Person: 2 Einzelfahrten 39 €; 3 Einzelfahrten 49 €, 4 Einzelfahrten 59 €; Sonderpaket (Grillteller, 1 Getränk, Kegelbahn) 20 €.

Obazd'n dort essen, wo er erfunden wurde (siehe S. 125)

64 Mit dem Kanadier unterwegs

Große Abenteuer auf dem Wasser erleben – wie Tom Sawyer und Huckleberry Finn über den Fluss paddeln. Unterwegs sein wie früher Fallensteller und Indianer im Wilden Westen. Mit einer organisierten Kanutour zwischen Kaufering und Scheuring machen Sie diesen Traum wahr – selbst wenn Sie vorher noch nie im Kanadier gesessen sind!

Einzige Voraussetzung: Sie sollten ein guter Schwimmer sein! Dann können Sie ohne weiteres einen Anfängerkurs mit dem Kandier machen. Und keine Sorge, Sie benötigen keine eigene Ausrüstung, Sie bekommen alles gestellt. Als Erstes lernen Sie – noch zu Land – die richtige Paddeltechnik. Danach schieben Sie den Kanadier auf dem Bootswagen an die Einstiegstelle und schon starten Sie ins kleine Abenteuer! Sie lernen das sichere Ein- und Aussteigen, das An- und Ablegen sowie die wichtigsten Zieh- und Hebelschläge. Später kommen Richtungsänderungen im stehenden und fahrenden Boot und sogenannte J-Schläge dazu. Und ganz nebenbei erfahren Sie Wichtiges zur richtigen Ausrüstung und Sicherheit.

Doch das ist nur die eine Seite des Kanadierfahrens. Schon bald werden Sie merken, wie gut es sich anfühlt, ohne Hektik auf dem Wasser unterwegs zu sein, in die Natur einzutauchen und ungewöhnliche Blickwinkel zu genießen. Die rund elf Kilometer lange Strecke führt Sie in etwa drei Stunden durch Zahmwasser und an mehreren Lech-Stauseen vorbei, wo Sie verschiedene Entenarten und Reiher, mit etwas Glück und Geduld vielleicht sogar Biber oder den Eisvogel beobachten können. Die Tour endet am Badeplatz in Scheuring; dort können Sie sich abholen lassen.

Anfahrt **Öffentlich:** Zug nach Kaufering. **Auto:** A 96 Ausfahrt Landsberg, auf B 17 nach Kaufering.

Informationen Kanu Trekking W. Grabscheid, Brückenring 17, 86916 Kaufering, Tel. 08191/65288; www.kanu-trekking.de.

Preise Kursgebühr pro Person 35 €, zzgl. 20 € für die Ausrüstung.

Obazd'n dort essen, wo er erfunden wurde

65

Im urigen Bräustüberl in Weihenstephan kam er erstmals auf den Tisch, heute ist er aus der bayerischen Küche nicht mehr zu wegzudenken: der Obazde, ein aromatisch schmeckender »Baz« aus Brie, Butter, Zwiebeln, Paprika und anderen Gewürzen und einem Schuss Weißbier. Probieren Sie ihn mal an seiner Geburtsstätte!

Die Geschichte des Obazd'n begann in den 20er-Jahren auf dem Weihenstephaner Berg in Freising. Die Molkerei Weihenstephan lag ganz in der Nähe. Da die Zeiten schlecht waren, erhielten die Arbeiter ihren Lohn zum Teil in Naturalien, also auch in Form von Käse. Weil sie damals noch keine Kühlschränke hatten, musste der Brie rasch verbraucht werden, damit er nicht verdarb. Daher kamen die Arbeiter auf die Idee, die Wirtin des Weihenstephaner Bräustüberls, Katharina Eisenreich, zu bitten, aus dem Käse etwas Schmackhaftes für Frühschoppen und Brotzeit zuzubereiten.

Ob sie nun die Idee zum Obazd'n hatte oder der Koch, ist nicht überliefert. Sicher ist jedoch, dass der neue »Kas« ab sofort im Bräustüberl und später auch im Biergarten serviert wurde – und das ist bis heute so! Von hier aus trat er seinen Siegeszug durch ganz Deutschland an, hergestellt werden darf er aber nur in Bayern.

ANTENNE BAYERN TIPP

Der Ausflug zur Geburtsstätte des Obazd'n lässt sich hervorragend mit einem Besuch der Stadt Freising verbinden, übrigens die älteste Stadt Oberbayerns mit einer nahezu 1300-jährigen Tradition! Am Bahnhof beginnt der gut ausgeschilderte Wander- und Radweg »Kultur & Natur«, der Sie zunächst durch die sehenswerte Freisinger Altstadt, auf den Domberg und später nach Weihenstephan führt.

Anfahrt **Öffentlich:** S-Bahn nach Weihenstephan. **Auto:** A 92 Ausfahrt Freising-Süd, zunächst auf der B 11 Richtung Freising, dann links auf die St 2084, danach links auf den Weihenstephaner Berg fahren.

Informationen Bräustüberl Weihenstephan, Weihenstephaner Berg 10, 85354 Freising, Tel. 08161/13004; www.braeustueberl-weihenstephan.de.

Anfahrt **Öffentlich:** S-Bahn nach Hallbergmoos. **Auto:** A 92 Ausfahrt Flughafen München, Richtung Hallbergmoos, rechts auf Ismaninger Straße, im Kreisverkehr zweite Ausfahrt, beim nächsten Kreisverkehr erste Ausfahrt nehmen, bis Freizeitpark fahren.

Informationen Stockers Gaststätte und Biergarten, Am Söldnermoos 61, 85399 Hal bergmoos, Tel. 0811/99679780; www.stockers.c

Sportlicher Biergarten in Hallbergmoos

66

Mit der S-Bahn und einer großen Sporttasche gemütlich nach Hallbergmoos fahren. Dort geht's auf die Halfpipe, den Bolzplatz oder den Fitnessparcours. Und nach dem Sport – zur Entspannung – in den gepflegten Biergarten zu Wurstsalat, Brez'n und natürlich einem frischen Weißbier.

Das klingt doch nach einem perfekten Sommertag. Wo es das gibt? Im neuen Freizeit- und Sportpark in Hallbergmoos auf dem Gelände des Munich Airport Business Parks, einem gigantischen Freizeitparadies auf 160 000 (!) Quadratmetern, mit zahlreichen Einrichtungen, die jeder kostenlos benutzen kann.

Worauf haben Sie Lust? Skaten auf der Halfpipe, die als beste weit und breit gilt, oder lieber auf Beachvolleyball mit anschließender Abkühlung im See? Oder kicken Sie gern? Dann nichts wie los auf einen der Bolzplätze! Wer nicht ganz so fit ist, findet im »Generationenpark« mit Fitnessgeräten und Geschicklichkeitsparcours das Richtige. Sie joggen gerne, haben aber vor der Haustür nur Asphalt? Genießen Sie die Finnenbahn, auf der es sich wunderbar laufen und nordic walken lässt. Und wenn Ihnen das alles zu anstrengend ist? Dann chillen Sie eben auf der Wiese oder am See!

Und nach dem Sport geht es in den schönen Biergarten des »Stocker«, wie die gepflegte Gaststätte im Sport- und Freizeitpark heißt, die so gar nichts vom üblichen Sportheim-Image hat. Hier gibt es wunderbar leichte Sportlerküche, aber auch deftig Bayerisches und saisonale Spezialitäten werden serviert.

Das nötige Know-how bringt der Wirt Bernhard Stocker auf alle Fälle mit. Zuletzt hat er das Lokal »Zur Trabrennbahn« in Pfaffenhofen bewirtschaftet, davor arbeitete er unter anderem als Küchenmeister im »Le Gourmet«, im »Bayerischen Hof« und im »Leopold«. Das klingt nun nicht so, als gäbe es im »Stocker« nur Currywurst mit Pommes – obwohl die natürlich auch nicht fehlen darf …

Anfahrt **Öffentlich:** Zug nach Mühldorf, Bus 34 oder Bus 10 nach Polling. **Auto:** B 2 nach Polling.

Informationen Freizeitanlage Hammer, Markus Niedermeier, Seeor 3, 84570 Polling, Tel. 08631/4252; www.minigolf-hammer.de.

Preise Kinder (6–16 Jahre): Minigolf 2,50 Miniaturgolf 2,30 €, Pit-Pat 2,10 €, Spielgolf 3 € Erwachsene (ab 17 Jahre): Minigolf 3 €, Miniatu golf 3,50 €, Pit-Pat 2,50 €, Spielgolf 4 €.

Mini-Golf at its best! 67

Egal ob beim Miniaturgolf, Minigolf, Pit-Pat oder Spielgolf: Immer muss das Weiße (oder auch mal Farbige) ins Runde – und das mit möglichst wenigen Schlägen. Auf insgesamt 72 (!) unterschiedlichen Bahnen und bei Flutlicht bis 22 Uhr. Das ist Spielspaß pur – auf der Minigolfanlage in Polling bei Mühldorf am Inn.

Bei Minigolfern ist sie mittlerweile legendär, die Freizeitanlage »Hammer« in Polling. Sie können es jedes Jahr kaum erwarten, bis Familie Niedermeier mit den ersten Sonnenstrahlen ihre 72 Bahnen wieder zum Spielen freigibt. Alle sind im Topzustand – wer also nicht trifft, braucht die Schuld nicht auf das Gelände zu schieben ... Jetzt müssen Sie sich nur noch entscheiden, wie Sie den Ball einlochen möchten! Beim ...

... Miniaturgolf: Auf 18 Bahnen mit 6,25 Meter Länge und diversen Hindernissen – Ziel ist es natürlich, möglichst wenige Schläge zu machen.

... Minigolf: Auf 18 deutlich längeren Bahnen, die aus Beton sind und betreten werden dürfen. Mit anderen Schlägern, aber den gleichen Bällen. Gigantisch ist der Superabschlag mit 25 Metern! Hier können Sie mal ordentlich auf den Ball dreschen!

... Pit-Pat: An 18 Tischen mit verschiedenfarbigen Bällen je nach Bahn und einer Art Billardqueue – eine witzige Mischung aus Billard und Minigolf.

... Spielgolf: Golf für Anfänger – oder einfach so zum Spaß! Auf acht bis 18 Meter langen, harmonisch in die Landschaft gebetteten Bahnen. Alle aus begehbarem Kunstrasen und mit natürlichen Hindernisse wie Bodenwellen, Sandbunker, Steinen, Hölzern und Gräben. Für Erwachsene und Kinder, Rechts- und Linkshänder – alle können sich mit echten Golfbällen im Putten üben.

Und zwischendurch – oder nach dem (Mini-)Golfen – winkt die schöne Sonnenterrasse, auf der Sie sich mit Kaffee, Eis, Getränken und Snacks versorgen können. Danach geht's in die nächste Runde – die zweite Runde gibt's im Sonderangebot! Einfach mal fragen!

Anfahrt **Öffentlich:** Zug nach Traunstein, Bus 9442 nach Stein a. d. Traun. **Auto:** A 8 Ausfahrt Siegsdorf, B 304 Richtung Altenmarkt bis Stein an der Traun, im Ort Richtung Tittmoning/Palling.

Informationen Verein der Freunde der Burg Stein, Tel. 08621/5984 bzw. 08621/2501; www.steiner-burg.de. Burgführer: Familie Werhöfer, Tel. 08621/5984. Die Burg kann nur im Rahmen einer Führung besichtigt werden; bit Taschenlampe mitbringen.

Preise Kinder u. Jugendliche 1,50 €, Erwachsene 2,50 €.

Gruseln in der größten Felsenburg 68

Gänsehaut ist garantiert – beim Rundgang durch die dunklen Burgverliese mit ihren »blutverschmierten« Wänden und den grausamen Geschichten über die jungen Mädchen, die hier als Gefangene geschmachtet haben sollen – in der trutzig-düsteren Felsenburg in Stein an der Traun, der ältesten in Deutschland.

Genau das Richtige für alle Fans von düsteren Rittergeschichten! Hier also, im tiefen Fels, soll der grimmige Raubritter Heinz von Stein mit seinen wüsten Gesellen gehaust haben. Und selbst heute noch wird Ihnen beim Rundgang durch die Gruselburg ein kalter Schauer über den Rücken laufen – vor allem, wenn Sie an der Nachtführung am Freitag- oder Samstagabend teilnehmen!

Treffpunkt für die etwa einstündige Tour ist das Schlosstor hinter dem Brauereigasthof. Werfen Sie vorher einen Blick auf den Wehrturm am Fuße der Felsenwand: Er wird im Volksmund »Leichenturm« oder »Blutturm« genannt – warum, können Sie sich selbst ausmalen … Doch schon drückt Ihnen der Burgführer eine Kerze in die Hand und führt Sie über eine steinerne Wendeltreppe hinauf in den Wehrgang und zu den Wohnräumen des Ritters und seiner Männer. Dabei erzählt er so manch gruselige Geschichte über den wilden Heinz. Er soll von herkulischer Gestalt und furchterregendem Äußeren gewesen sein und so schlimm gesündigt haben, dass er nach seinem gewaltsamen Tod nicht begraben werden durfte. Seitdem treibt er als Geist auf der Burg sein Unwesen – mehr soll an dieser Stelle nicht verraten werden …

Dass die Burg Stein zu den ungewöhnlichsten in Deutschland gehört, liegt nicht nur an ihrem ehemaligen Bewohner, sondern auch daran, dass sie sich aus drei verschiedenen Burgen zusammensetzt: dem Hochschloss, das sich majestätisch über der steilen Felswand erhebt, dem Unteren Schloss am Fuße der Felswand, in dem sich heute ein Gymnasium sowie eine Brauerei befinden, und – dazwischenliegend – aus der Höhlenburg, in welcher der Raubritter gehaust haben soll.

Anfahrt **Öffentlich:** Zug nach Bergen. **Auto:** A 8 Ausfahrt Bergen, immer der Ausschilderung folgen.

Informationen Josef Ecker, Kapellenweg 11, 83346 Bergen, Tel. 08662/419529; www.jodelseminar.de.

Preise Pro Person 50 €, inkl. Arbeitsmater und Jodeldiplom.

Jodeln wie ein Almbauer 69

Die Almbauern wussten schon, warum sie sich früher ihr einsames Dasein auf der Alm mit Jodeln versüßten: Beim Jodeln werden – wie beim Sex – jede Menge Glückshormone ausgeschüttet. Lassen Sie es sich von »Jodelkaiser« Josef Ecker inmitten schönster Bergkulisse beibringen – und warten Sie, was passiert …

Vor mehr als zehn Jahren hatte der Musiklehrer Josef Ecker die Idee, in seiner oberbayerischen Heimat eintägige Jodelkurse abzuhalten. Zunächst kamen nur ganz wenige Interessierte, heute hingegen tourt Ecker durch ganz Deutschland, und seine Kunden sind längst nicht mehr nur Privatleute, auch Firmen wissen die wohltuenden Wirkungen des alpenländischen »Holadaro« und »Joldraehodulio« auf ihre Mitarbeiter zu schätzen.

Einer der schönsten Orte, um von Josef Ecker die Kunst des Jodelns zu erlernen, ist der Hochfelln, ein traumhafter Aussichtsberg im Chiemgau. Bei der Auffahrt mit der Bergbahn beruhigt Ecker seine Schüler: Jeder könne jodeln lernen, man müsse nicht einmal besonders musikalisch sein. Oben angekommen, legt der »Jodelkaiser« gleich los, mit Atem- und Stimmübungen. Ein wenig komisch kommt man sich schon vor, wenn man lautstark »Ju-hu-hu-hui« ins Tal ruft und schüchtern dem Echo lauscht. Dann geht es an die Lockerung von Atmung und Stimme: Zunge rausstrecken, dem Nachbarn auf den Rücken klopfen und das Geräusch einer Biene nachahmen! Und wenn das klappt, ist man reif für kleine Rollenspiele, zum Beispiel das vom Jäger und der Sennerin, die einander zujodeln.

Keine Angst, im Laufe des Tages verlieren sich die Hemmungen … Sie werden erstaunt sein, welche Töne Sie Ihrer Kehle entlocken! Und am Ende des Tages gehen Sie stolz mit Ihrem wohlverdienten Jodeldiplom nach Hause. Dann braucht es nur noch eine passende Gelegenheit, um die neu erworbene Kunst vorzuführen: Wie wäre es während der nächsten Bergtour mit Freunden?

70 3000 Jahre altes Eis erobern

Ein unvergesslicher Ausflug in die bizarre Welt des Eises, das an die 3000 Jahre alt ist! Ausgerüstet mit einer echten Karbidlampe, fühlen sich nicht nur Kids wie in einem Abenteuerfilm. Es geht ins Innere der größten deutschen Eishöhle – vorbei an glatten Eiswänden und Felsen, über Steigleitern, durch Tunnel und Hallen.

Mit jedem Schritt hinunter in die geheimnisvolle Eishöhle wird es kälter – unten angekommen, hat es nur noch etwa null Grad Celsius! Der Temperaturunterschied ist deutlich spürbar, schließlich liegt die Höhle auf 1570 Meter Höhe im Untersbergmassiv bei Marktschellenberg.

Um ihr geheimnisvolles Innenleben zu erkunden, braucht man sich nur der spannenden, etwa 45-minütigen Führung anzuschließen. Zur besseren Orientierung bekommen Sie vom Höhlenführer eine Karbidlampe, dürfen diese mit klammen Fingern anzünden und sich weiter ins Höhleninnere wagen. Der Weg führt über Steigen bergab und ist auch für (Schul-)Kinder gut begehbar. Es erwarten Sie mehrere Gänge und unterschiedlich große Eishallen, spektakuläre Eisfälle und fantastische »Eismandln«. Unterwegs erfahren Sie vom Höhlenführer Wissenswertes über die Entstehung der Eishöhle und ihre Erforschung.

Zurück im Tageslicht, taut man in der Sonne langsam wieder auf und steigt zur gemütlichen Toni-Lenz-Hütte ab. Die Hütte ist meist gut besucht, und die Plätze auf der Sonnenterrasse sind begehrt …

Anfahrt **Öffentlich:** Zug nach Berchtesgaden, Bus 840 und 836 bis zur Eishöhle. **Auto:** B 305 Richtung Salzburg bis Marktschellenberg; ca. 2 km nach Ortsende rechts Parkplätze, gegenüber Aufstieg zur Höhle.

Informationen Eishöhle: Pfingsten–Ende Okt. geöffnet, Führungen stdl. von 10–16 Uhr, Dauer ca. 45 Min.; www.marktschellenberg.de, www.eishoehle.net.

Preise Kinder (6–16 Jahre)/Rentner 4 €, Erwachsene mit Kurkarte (BGL) 6,50 €, Erwachsene 7 €, Familienkarte (Eltern mit Kindern) 16 €.

Beim Schnapsbrennen zuschauen auf der Alm 71

»Schmeckt erst süß, dann bitter – wie das Leben«, meint der sympathische Brennmeister Hubert Ilsanker, der auf der Priesbergalm Enzian, einen aromatischen, bitteren Schnaps, brennt. Auf den Wiesen rund um die Alm wächst die begehrte Pflanze, deren Wurzeln noch heute wie anno dazumal per Hand und Hacke ausgegraben werden.

»Hubsi«, wie der Brennmeister genannt wird, hat schon mit 15 Jahren für die Brennerei Grassl nach Enzianwurzeln gegraben. Die Wurzeln des Gelben Enzians werden für den Schnaps verwendet, nicht die Blüten des Blauen Enzians, wie viele glauben. Aus dem Ferienjob wurde eine Berufung, Ilsanker hat das Schnapsbrennen richtig gelernt und heute wirkt er so, als könnte er sich keinen schöneren Beruf vorstellen. Kein Wunder: Die Zeit zwischen Juni und Oktober verbringt er auf der Priesbergalm oder einer der weiteren vier Almen, die der Brennerei gehören.

Bereits die aussichtsreiche Wanderung zur Priesbergalm am Jenner lohnt sich. Vielleicht haben Sie Glück und können dem Brennmeister oder einem seiner Mitarbeiter bei der Arbeit zuschauen? Wenn der »Hubsi« gerade Zeit hat, wird er Ihnen erzählen, dass die kostbaren Wurzeln unter Naturschutz stehen. Und dass nur die Brennerei Grassl sie im Berchtesgadener Raum seit dem Jahr 1692 ausgraben darf – aber nur alle sieben Jahre. Und dass der Schnaps nach dem Brennen noch sieben Jahre im Eichenfass lagern muss. Ansonsten probieren Sie ein Stamperl Enzian, setzen sich in die Sonne und genießen das Leben …

ANTENNE BAYERN TIPP

Ausgangspunkt der Wanderung ist entweder die Jennerbahn-Mittelstation oder der Parkplatz Hinterbrand. Der Weg führt zunächst Richtung Königsbachalm, später zur gut ausgeschilderten Priesbergalm, die man nach eineinhalb bis zwei Stunden erreicht hat. Der Rückweg ist der gleiche.

Anfahrt **Öffentlich:** Zug nach Berchtesgaden. **Auto:** Auf B 305, dann auf St 2097 bis Berchtesgaden.

Informationen Enzianbrennerei Grassl, Salzburger Straße 105, 83471 Berchtesgaden, Tel. 08652/95360; www.grassl.com.

Anfahrt **Öffentlich:** Mit dem Zug nach Inzell. **Auto:** A 8 Ausfahrt Siegsdorf, weiter nach Inzell.

Informationen Soccerpark Inzell, Mitterweg 33, 83334 Inzell, Tel. 08665/9288610; www.soccerpark-inzell.de.

Preise Funplatz, 18 Loch: Kinder (6–15 Jahre) 6 €, Erwachsene 9 €; Tageskarte: Kinder 9 €, Erwachsene 15 €; 10er-Karte: Kinder 40 €, Erwachsene 70 €; Familienkarte (2 Erwachsene, 2 Kinder) 24 €, jedes weitere Kind 4 €; weitere Preise siehe Homepage.

Golf mal anders – mit dem Fuß

72

Sie brauchen keinen Schläger – Sie brauchen Ihre Füße! Der Ball ist ein Fußball – und doch heißt es Golf! Gemeint ist der neue Trendsport »Fußballgolf«: ein Must für Golfer und für Fußballer, aber auch ein grandioser Spaß für alle anderen, die von beiden Sportarten keine Ahnung haben!

Das Runde muss hier ins Eckige. Und das ist gar nicht so einfach. Feingefühl, ein ruhiger Fuß und ein kühler Kopf sind da gefragt. Wie soll man diesen ganz normalen Fußball ins nächste Loch schießen? Und dazu noch diese komischen Hindernisse wie beim Golf! Einmal muss der Ball durch einen Reifen, beim nächsten Mal um die Ecke, durch einen Betonring oder durch eine Torwand. Sieger ist natürlich, wer die wenigsten Kicks benötigt.

Ein kleiner Trost: Hier geht es nicht nur um Fitness und Kondition, hier hat auch der Lauffaule und Zweikampfscheue seine Chance, und so manch begeisterter Kicker stellt hier fest, dass ihm seine Taktiken und Tricks vom Fußballplatz nicht weiterhelfen.

Mit fast 80 000 Quadratmetern ist die 2011 eröffnete Fußballgolfanlage in Inzell die größte in Deutschland. Um dort zu spielen, braucht man weder Fußball- noch Golferfahrung, deshalb ist dieser neue Sport auch bestens für Familien geeignet. Die Idee ist einfach: Fußball hat in Deutschland einen Riesenzulauf, auch Golf ist sehr in Mode. Warum also nicht diese beiden beliebten Sportarten zu einer dritten kombinieren? In Inzell wählen Spieler zwischen einem »Funplatz« für Anfänger mit rund 21 000 Quadratmetern und einem anspruchsvollen »Premiumplatz« für Fortgeschrittene mit rund 52 000 Quadratmetern. Übrigens kommt der neue Trendsport aus Skandinavien, wo er bereits ziemlich populär ist.

ANTENNE BAYERN TIPP

Ein schöner (Familien-)Ausflug ab Inzell führt zum sechs Kilometer langen Bergwald-Erlebnispfad. Los geht's im Inzeller Ortsteil Adlgaß beim Forsthaus. Dem Symbol »Feuersalamander« folgend, kommt man an elf Erlebnisstationen, verschiedenen Informationstafeln und Baumstationen vorbei, die anschaulich über das Thema »Wald« informieren.

73 Herrliche Nostalgie: Der Paternoster-Aufzug

Macht nicht nur Kindern Spaß: eine Fahrt mit dem wunderbar altmodischen Paternoster im Alten Technischen Rathaus in München. Der Aufzug hat keine Tür und besteht aus vielen Kabinen, die immer im Kreis fahren. Deshalb springt man beim Einsteigen in eine gerade vorbeifahrende Kabine – und beim Aussteigen rechtzeitig wieder heraus.

Am liebsten würde man ja gar nicht aussteigen, sondern einmal die ganze Runde fahren. Was würde wohl passieren? Steht man dann auf dem Kopf? Natürlich passiert nichts, niemand steht auf dem Kopf oder fällt aus dem Aufzug – auch wenn das viele glauben. Auf den ersten Blick sieht der Paternoster aus, als lägen zwei Aufzüge nebeneinander. Doch in Wirklichkeit ist es ein einziger Aufzug, dessen Kabinen an einer Kette miteinander verbunden sind und im Kreis auf und ab fahren. Das sieht man aber nicht, weil man aussteigt, bevor die Kabine oben ankommt. Dort fahren die Kabinen nicht einfach wieder gerade hinunter, sondern wechseln in den Aufzugschacht daneben – und unten geschieht dasselbe …

Bis in die 40er-Jahre waren solche »Umlaufaufzüge« in Deutschland weit verbreitet, doch seit 1974 dürfen keine neuen mehr gebaut werden. Es war sogar geplant, alle Paternoster bis 2004 stillzulegen. Dagegen gab es aber massiven Widerstand, nicht zuletzt in München durch den extra gegründeten »Verein zur Rettung der letzten Personenumlaufaufzüge«. Nun dürfen die verbliebenen Paternoster weiter betrieben werden. Viele sind es nicht mehr. In Bayern gibt es nur noch rund ein Dutzend, die meisten davon nicht frei (und kostenlos!) zugänglich wie hier im Alten Technischen Rathaus, das offiziell »Städtisches Hochhaus« heißt. Zur Grundsteinlegung 1928 war es architektonisch eine Besonderheit, das allererste Hochhaus in München und eben, wie seinerzeit üblich, mit Paternoster …

Anfahrt **Öffentlich:** U-Bahn Sendlinger Tor. **Auto:** Lieber nicht, es gibt kaum Parkplätze.

Informationen Städtisches Hochhaus, Blumenstraße 28 a/b, 80331 München; www.muenchen.de.

Essen und Trinken wie einst Mackie Messer 74

Schummriges Licht, 30er-Jahre-Atmosphäre, dazu originale Musik. Man lässt sich – je nach Stimmung – im schwülstigen Bordell mit den roten Samtboudoirs oder im Hochzeitsraum mit den wunderbar kitschigen Hochzeitsfotos nieder. Harte Jungs zieht es ins Gefängnis oder zur Bank, auf der Suche nach Scheckbüchern …

Ein Lokal der besonderen Art ist der Dreigroschenkeller auf alle Fälle und vermutlich weltweit einzigartig: Er ist komplett im Stil der »Dreigroschenoper«, der erfolgreichsten deutschen Oper der 30er-Jahre von Bertolt Brecht und Kurt Weill, eingerichtet – das macht nicht nur Theaterfans und Deutschlehrern Spaß! Durch die Ecken und Nischen weht der Geist von Mackie Messer und man sieht sich förmlich am Tisch mit Huren, Verbrechern und Bettlern sitzen – Erlebnisgastronomie der besonderen Art! An jedem ersten und dritten Donnerstag im Monat wird das Stück hier sogar live aufgeführt, mit Originalmusik und Texten wie zu Brechts Zeiten. Und manchmal treten auch der Bettlerkönig oder Mackie Messer mit seiner Braut auf … und singen einen Song aus der Dreigroschenoper.

Doch auch an anderen Abenden lohnt es sich, in den Dreigroschenkeller zu kommen. Über eine Treppe geht es hinunter in den schummrig beleuchteten Keller, und man fühlt sich in die 30er-Jahre zurückversetzt, ins Gangstermilieu des Mackie Messer, die Vorkriegszeit der Spekulanten, das Elend der Bettler, die sich vom Bettlerkönig möglichst gruselig ausstaffieren ließen. Hier lässt es sich wunderbar philosophieren und palavern, aber auch köstlich speisen und feiern. Die Gerichte haben so klangvolle Namen wie »der Unersättliche«, »der Aufreißer« oder »die Naschkatze«, außerdem gibt es fantastische Cocktails und natürlich harte Drinks.

Anfahrt **Öffentlich:** S-Bahn Rosenheimer Platz, Rosenheimer Straße Richtung Isar, kurz vorher links in Lilienstraße. **Auto:** Bitte nicht, es gibt überhaupt keine Parkplätze!

Informationen Dreigroschenkeller Restaurant & Bar, Lilienstraße 2, 81669 München, Tel. 089/37955834; www.3groschenkeller.de.

Der Dreigroschenkeller in München entführt seine Gäste in die Welt von Mackie Messer (siehe S. 139).

Anfahrt **Öffentlich:** Bus100 (Museumslinie) ab Hauptbahnhof, Haltestelle Nationalmuseum/ Haus der Kunst. **Auto:** Altstadtring bis Prinzregentenstraße, großer Parkplatz beim Museum.

Informationen www.eisbachwelle.d

Einfach Kult: Eisbach-Surfen in München 75

Deutschland hat die Küsten der Nordsee und der Ostsee, doch das beliebteste Surfrevier liegt in München! Gleich neben dem Haus der Kunst, wo der Eisbach in den Englischen Garten fließt. Sogar im Winter stellen sich hier wagemutige Surfer aufs Board und reiten auf der Welle – und die Zuschauer unterhalten sich prächtig.

Sie fühlen sich pudelwohl auf dem Surfboard? Dann testen Sie doch einmal die berühmt-berüchtigte Münchner Eisbachwelle – aber bitte mit Neoprenanzug, denn das Wasser ist selbst im Sommer ziemlich kalt. Aus einem Tunnel schießt es in den Eisbach, wo eine künstliche Schwelle für die Superwelle sorgt. Echte Eisbach-Profis meistern sie souverän, flitzen minutenlang auf der schmalen Wasserrampe hin und her und zeigen ihre Trickmanöver.

Auch Profis aus Hawaii und Kalifornien haben sich schon auf der Münchner Welle versucht, allerdings nicht immer mit Erfolg. Denn sie hat ihre eigenen Gesetze. Anfangs verliert jeder erst ein paar Mal den Halt auf dem Board, wird von der Strömung mitgerissen … und stellt sich für den nächsten Versuch gleich wieder hinten an. An schönen Sommertagen treffen sich hier bis zu 50 Wellenreiter, und auf der Brücke stehen johlende Zuschauer dicht an dicht. Wenn Sie das Wasser scheuen, stellen Sie sich einfach dazu!

Mittlerweile ist der heiße Surfspot weltberühmt und steht in jedem Reiseführer. Und er hat aus München eine Surfstadt gemacht, mit Surfläden in der City und Surferpartys in den Clubs. Bereits Ende der 70er-Jahre entdeckten die ersten Wellenreiter den Eisbach als Revier, allerdings war das Surfen verboten, weil es als zu gefährlich galt. Doch die Münchner Polizei drückte durchaus mal ein Auge zu.

Seit dem Sommer 2010 darf nun aber endlich auch ganz offiziell gesurft werden – der Freistaat Bayern, dem die Eisbachwelle bis zu diesem Zeitpunkt gehörte, gab sie nämlich ab an die Stadt München, die ein Herz für ihre Surfer bewies …

76 Einmal Ihr eigenes Bier brauen!

Bier von der Pike auf: Wie aus Hopfen, Wasser und Malz Bier wird, das lernen Sie bei einem Braukurs in der kleinen Privatbrauerei »Stadlbräu« in Oberhaching. Braumeister Sepp bringt Ihnen alles bei, was Sie zur Herstellung »Ihres« Biers brauchen. Zum krönenden Abschluss gibt's ein Bierdiplom – und natürlich das Selbstgebraute …

Schon die urige Umgebung macht gute Laune, der Braukurs findet nämlich in einem umgebauten Kuhstall statt. Die Atmosphäre ist entspannt, alle duzen sich. Und schon geht es los mit der Theorie … Doch keine Angst, es macht viel Spaß, dem urbayerischen Braumeister zuzuhören, der immer einen Scherz auf den Lippen hat und es schafft, auch die trockenste Theorie so zu verpacken, dass sie hängen bleibt.

Dann folgt die Praxis: Als Erstes erhitzen Sie Wasser im Topf auf 62 Grad, dann rühren Sie die gekeimte Gerste, das Malz, ein. Nun heißt es, geduldig zu sein und eine Stunde lang rühren, damit die Enzyme angeregt werden, die Getreidestärke in Zucker umzuwandeln. Zum Glück hat Sepp jede Menge Geschichten auf Lager, sodass die Zeit wie im Flug vergeht.

Wann genug gerührt ist, entscheidet der »Jod-Test«: Ein Tröpfchen Brauwasser wird mit Jod gemischt. Färbt sich das Jod violett, ist noch zu viel Stärke im Topf – also weiter rühren! Behält die Jodlösung ihre helle Farbe, stimmt die Mischung. Als Nächstes kommt der Hopfen dazu, und die Malzmischung muss mindestens eine Stunde lang kochen. Riechen Sie den typisch süßlich-schweren Geruch? Dann wird es spannend: Sie dürfen das selbst gebraute Bier testen. Zufrieden? Zum krönenden Abschluss erhält jeder ein Bierdiplom. Prost, wohl bekomm's!

Anfahrt **Öffentlich:** S 3 nach Deisenhofen. **Auto:** A 995 Ausfahrt Oberhaching, Richtung Grünwald/Taufkirchen-Süd auf St 2368 fahren, auf Lanzenhaarer Straße abbiegen, dann in die Kybergstraße.

Informationen Stadlbräu, Kybergstraße 19, 82041 Oberhaching, 089/95447565; www.biervonmir.com.

Preise Pro Person ab 69 €.

Fischerstechen in Starnberg

77

Nur alle fünf Jahre wird es ausgerichtet, das traditionelle Fischerstechen am Starnberger See – und am 22. Juli 2012 ist es endlich wieder so weit! Dann finden diese spannenden Gladiatorenkämpfe auf dem See statt – und Tausende begeisterter Zuschauer sind mit dabei! Wasserscheu dürfen sie aber nicht sein …

Punkt 12.30 Uhr ist Startschuss: Kampflustige, maskierte Männer mit furchterregenden Lanzen sind auf dem See unterwegs. Ihre Mission: den Gegner mit einem gezielten Lanzenstoß vom Ausleger seines Flachbootes ins Wasser zu stoßen. Da geht's oft ganz schön heiß her! Schließlich steht die Fischerehre auf dem Spiel. Der letzte »Stecher«, der es schafft, auf seinem Boot stehen zu bleiben, ist Sieger und kann Fischerkönig werden.

Eigentlich ist das Fischerstechen schon über 500 Jahre alt, in München wurden bereits 1536 Fischerstechen auf der Isar abgehalten. Wann diese Tradition zu Ende ging, ist nicht bekannt. Wiederbelebt wurde sie von Prinzregent Luitpold zur 1000-jährigen Erinnerung an den Tod des Markgrafen Luitpold. Aus diesem Anlass ließ er 1907 unerschrockene Starnberger Fischer beim Fischerstechen gegeneinander antreten und stiftete dafür einen Wanderpokal aus Gold. Ihm zu Ehren heißt das Starnberger Fischerstechen seitdem Prinzregent-Luitpold-Fischerstechen. Am Ablauf hat sich bis heute wenig geändert, außer dass jetzt auch Sportfischer in einem eigenen Wettkampf antreten dürfen.

ANTENNE BAYERN TIPP

Falls Sie das Fischerstechen in Starnberg versäumt haben: In Dießen am Ammersee und in Seehausen am Staffelsee können Sie das jeden 15. August nachholen oder am letzten Sonntag im August in Bamberg.

Anfahrt **Öffentlich:** S-Bahn/Zug nach Starnberg. **Auto:** A 95 Ausfahrt Starnberg.

Informationen Heimat- und Volkstrachtenverein Starnberg e. V., Hans-Zellner-Weg 10, 82319 Starnberg, Tel. 08151/971384; www.trachtenverein-starnberg.de.

Preise Eintritt mit Fischerstechen-Festzeichen 6 €.

Anfahrt **Öffentlich:** Zug nach Bad Tölz. **Auto:** B 13 Richtung Sachsenkamer Straße, auf St 2072 nach Bad Tölz.

Informationen Tourist-Information, Max-Höfler-Platz 1, 83646 Bad Tölz, Tel. 08041/78670; www.bad-toelz.de, www.toelzer-leonhardi.de.

Von Rössern, Heiligen und Goaßlschnalzern 78

Sogar in Thailand kennt man sie, die Leonhardifahrt in Bad Tölz – zwar nicht die älteste in Bayern, dafür aber die schönste! Festlich geschmückte Rösser ziehen bunt bemalte Truhenwägen mit feschen Trachtlern auf den Kalvarienberg – und nach dem Gottesdienst geht's zum Goaßlschnalzen!

Jedes Jahr am 6. November ist ganz Tölz auf den Beinen. Jung und Alt will dabei sein, wenn sich am frühen Morgen der feierliche Festzug zu Ehren des Heiligen Leonhard, des Beschützers der Bauern und Patrons der Pferde und des Viehs, in Bewegung setzt. Das Ziel der prächtig geschmückten Wagen und Kutschen ist der Kalvarienberg, genauer gesagt die 1718 eben diesem Heiligen geweihte Kapelle. Dort wird ein festlicher Gottesdienst gefeiert, im Anschluss die Kapelle zweimal umritten, und die Wallfahrer erhalten den Segen. Danach setzt sich der Zug wieder in Richtung Altstadt in Bewegung. Über die obere Marktstraße und die Salzstraße geht es zur Mühlfeldkirche, wo die Leonhardifahrt endet.

Wenig später beginnt in der Marktstraße ein weiterer Höhepunkt dieses Tages: der traditionelle Wettkampf der »Goaßlschnalzer«. Für alle Nicht-Bayern: »Goaßln« sind drei bis vier Meter lange, geflochtene Schnüre, die mit geschmolzenem Pech oder alter Wagenschmiere eingelassen und an einem kurzen Eschenstiel befestigt sind. Beim geräuschvollen Goaßlschnalzen schwingen gestandene Männer in Lederhosen mit viel Kraft ihre Goaßl durch die Luft und erzeugen damit nicht nur Krach, sondern möglichst eine Art von Rhythmus. Wer das am besten kann, hat gewonnen. Übrigens: Anders als beim mancherorts üblichen Leonhardiritt, der eine reine Männerdomäne ist, sind bei der Tölzer Leonhardifahrt Frauen und Kinder mit dabei.

ANTENNE BAYERN TIPP

Als ältester Leonhardiritt Bayerns gilt der in Inchenhofen in Schwaben. Seit 1459 ziehen jedes Jahr am 6. November geschmückte Pferde, Wagen und Kutschen dreimal durch den Ort – damals zählte Inchenhofen nach Jerusalem, Rom und Santiago de Compostela zu den bedeutendsten Wallfahrtsorten der Welt.

Anfahrt **Öffentlich:** Zug bzw. S 7 bis Kreuzstraße, von dort kostenloser Abholservice (bei der Buchung vereinbaren). **Auto:** Landstraße bis Ortsanfang von Grub (von München oder Rosenheim kommend) bzw. bis Ortsende (von Bad Tölz kommend).

Informationen Kamelgut Breitmoos, 83629 Weyarn, Tel. 08063/9966 bzw. 0163/4809400; www.bayern-kamele.de.

Preise Je nach Gruppengröße Kinder 30–45 €, Erwachsene 40–55 €.

Wie ein Scheich durch Oberbayern 79

Suleika schaukelt ganz schön, und schnell wird einem klar, warum ein Kamel auch »Wüstenschiff« genannt wird. Aber sie ist sehr brav und wartet geduldig, bis man endlich auf ihr sitzt. Kamele in Oberbayern im schönen Mangfalltal: Das ist außergewöhnlich und ein ungeheurer Spaß. Pferde sind dagegen echt langweilig.

Am Anfang nimmt man erst einmal locker Kontakt mit den wirklich gut erzogenen Kamelen auf und streichelt die Tiere vorsichtig. Erstaunlich, wie verschmust sie sind! »Kameltreiber« Konstantin stellt jedes einzelne seiner Kamele vor, seine Vorlieben und Abneigungen. So mag zum Beispiel der Boss im Stall Kinder und Frauen, während er bei Männern schon mal unfreundlich reagiert.

Dann wird die Karawane zusammengestellt, und die Reiter steigen mit etwas Hilfe schwungvoll auf. Und schon schaukelt man dahin und stellt fest: Der Ausritt auf einem Kamel ist mit dem »normalen« Reiten nicht zu vergleichen. Im Passgang und mit dem Kopf auf ca. 3,20 Meter Höhe geht es durch das landschaftlich reizvolle Mangfalltal.

Unterwegs verrät Konstantin, wie er aufs Kamel gekommen ist. Während andere Kinder Hamster als Haustiere hielten, hatte er schon als Dreijähriger Kamele. Über 20 Jahre ist es her, dass sein Vater nach einem Zirkusbesuch ganz begeistert von den sanften Riesen nach Hause kam. Kurzerhand kaufte er drei, und von da an schaukelte sein kleiner Sohn wie ein Scheich durch die Gegend. Mit 13 Jahren begann Konstantin, mit den klugen Tieren zu arbeiten, und nach dem Abitur legte der Jungunternehmer richtig los: Er baute eine Farm auf – mit wie viel Spaß, ist nicht zu übersehen!

Jeder kann ohne Voranmeldung an der eineinhalbstündigen Kameltour teilnehmen. Oder man bucht einen besonderen Event, gestaltet von orientalisch bis urig bayerisch – Konstantin findet garantiert die passende Location. Auch Hausbesuche sind möglich: Vielleicht überraschen Sie Ihre Nachbarn mit Kamelen im Vorgarten?

Anfahrt **Öffentlich:** Mit Zug (BOB) zum Tegernsee, Station Gmund bzw. Tegernsee. **Auto:** Auf der B 318 bzw. B 307 zum Tegernsee mit den Orten Gmund, Bad Wiessee, Rottach-Egern, Tegernsee und Kreuth.

Informationen Tegernseer Tal Tourismus GmbH, Hauptstrße 2, 83684 Tegernsee, Tel. 08022/927380; www.tegernsee.com/veranstaltungen/see-und-waldfeste/waldfest-saison.html.

Süffiges Bier und fesche Madln im Wald 80

Deftige Schmankerl, süffiges Bier, Bursch'n in Lederhos'n und fesche Madln im Dirndl – nein, die Rede ist diesmal nicht vom Münchner Oktoberfest, sondern von den urigen Waldfesten am Tegernsee, die an jedem (!) Wochenende zwischen Mitte Juni und August stattfinden. Auf geht's, die Musi spielt …

Endlich Wochenende – nix wie rein ins Dirndl und auf zum Tegernsee, zu einem der legendären Waldfeste! Das Ziel diesmal ist der »Schmetterlingsgarten«, wie der Platz vor dem ehemaligen Schloss Tegernsee von den Einheimischen genannt wird. Die Stimmung beim Fest der Tegernseer Vereine ist bombig, die Blasmusi spielt zum Tanz auf, die Trachtler treten zum Schuhplattln an, die Madln zum Dirndldrahn. Eine frisch gezapfte Maß Tegernseer Bier, eine resche Brez'n und ein knuspriger Steckerlfisch, dazu eine lustige Biergartenrunde – was will man mehr? Und das Beste ist: Die Tegernseer lassen auch Besucher gerne mitfeiern, denn bei einer Maß Bier gibt es keine Unterschiede, da zählen nur die Gaudi und die gute Stimmung! Auch die Preise können sich sehen lassen: Die Maß Bier kostet ca. 5,50 Euro.

Ihren Ursprung haben die Waldfeste als gemütliches Beisammensein der einheimischen Vereine des Tegernseer Tals, ob Sportverein, Trachtenverein oder Gebirgsschützen – mittlerweile finanzieren Vereine wie zum Beispiel der FC Real Kreuth, der SC Bad Wiessee, die Hirschbergler Trachtler oder die Gebirgsschützen, im Volksmund »Enterrottacher« genannt, damit zum Beispiel ihre Jugendarbeit. Los geht es Mitte Juni und dann ohne Pause bis zum 12. August – da ist echte Kondition gefordert! Und danach heißt es, die Zeit bis zur Wies'n irgendwie zu überbrücken …

ANTENNE BAYERN TIPP

Wem die Waldfeste abends zu trubelig sind oder wer noch einen weiteren Heimweg hat, der kann oft schon vormittags authentische Waldfestluft schnuppern: beim traditionellen Frühschoppen am Sonntag, mit frischen Weißwürsten, knusprigen Brez'n und einem frisch gezapften Weißbier. Besser kann ein Sommersonntag doch nicht beginnen!

Anfahrt **Öffentlich:** Zug nach Bad Feilnbach. **Auto:** A 8 Ausfahrt Bad Feilnbach, von dort noch 5 km nach Bad Feilnbach.

Informationen Kur- & Gästeinformation, Bahnhofstraße 5, 83075 Bad Feilnbach, Tel. 08066/88711; www.bad-feilnbach.de.

Apfelschnaps im bayerischen Meran

81

Weiß und Rosa, so weit das Auge reicht ... Jedes Jahr im Frühling blühen über 50 000 Obstbäume in der Region rund um Bad Feilnbach und verwandeln das Land in ein zartes und duftendes Blütenmeer. Das »bayerische Meran«, wie die Gegend genannt wird, verdankt dieses außergewöhnliche Naturereignis einem besonders milden Klima.

Doch nicht nur im blütenreichen Frühling lohnt der Luftkurort Bad Feilnbach einen Ausflug, auch im Herbst zieht er jedes Jahr über 30 000 Besucher aus nah und fern an: Dann findet hier nämlich der traditionelle Apfelmarkt statt. 200 verschiedene Apfel- und Obstsorten werden angeboten, zudem ausgefallene Spezialitäten. Haben Sie schon einmal Apfelschnaps oder Apfelbrot probiert? Diese und andere Köstlichkeiten wie selbst gemachte Marmeladen und Apfelwein werden an den zahlreichen Marktständen verkauft. Sie werden staunen, was man alles aus Äpfeln machen kann! Dazu kommen bayerische Schmankerl wie Steckerlfisch sowie lokale Biere und alkoholfreie Getränke.

Auch das Rahmenprogramm kann sich sehen lassen: Die Apfelkönigin stellt sich vor, die für jeweils zwei Jahre in ganz Deutschland für den Obstanbau und die beeindruckende Landschaft der Region wirbt. Musikkapellen aus der Umgebung, Gaoßlschnoiza und Schuhplattler sorgen für gute Stimmung. Für die Kids gibt es einen Streichelzoo und kostenlose Fahrten mit der Pferdepostkutsche.

Falls Sie nach dem Besuch des Apfelmarkts noch Zeit haben, machen Sie doch einen kleinen Abstecher in die wunderschöne Umgebung Bad Feilnbachs. Lohnend ist beispielsweise der einstündige Rundweg durch die nahe Sterntaler Filze, ein rund 40 Hektar großes naturnahes Hochmoor mit typischen Latschenkiefern, Torfmoos, Moosbeeren und Heidekraut.

ANTENNE BAYERN TIPP

Was halten Sie davon, den Besuch des Apfelmarkts mit einem kurzen Wellnessurlaub zu verbinden? Drei Tage Wellness in Bad Feilnbach tun sicher gut, vor allem im Herbst, wenn es gilt, die Abwehrkräfte und die Psyche auf den Winter vorzubereiten.

82 Dem Himmel so nah: Berggottesdienst

Eher unbekannt ist der 882 Meter hohe Nußlberg gleich hinter Oberaudorf. Auf seinem Gipfelplateau erwarten Sie eine Alm, eine Klause und die kleine Wallfahrtskirche St. Maria. Hier findet in den Sommermonaten einmal pro Woche ein stimmungsvoller Berggottesdienst statt – wunderbar, um zur Ruhe und Besinnung zu kommen.

Das beginnt schon beim Aufstieg: Wer rasch mit dem Vierradantrieb zum Berggottesdienst hinaufhetzt, wird dort kaum richtig ankommen – ganz anders bei der etwa einstündigen Bergwanderung auf den Nußlberg.

Los geht's an der Gfallsee-Staumauer oberhalb von Oberaudorf. Sie überqueren diese und wandern ein kurzes Stück auf der Forststraße bergauf, bis wenig später links der Wanderweg zum Nußlberg abzweigt. In Serpentinen geht es durch den Wald, vorbei an Stationen eines Kreuzwegs. Nach einer knappen Stunde haben Sie Ihr Ziel erreicht, das Almplateau mit der kleinen Wallfahrtskirche St. Maria und der ehemaligen Eremitenklause. Normalerweise ist die Kapelle geschlossen, aber im Sommerhalbjahr findet hier immer dienstags um 15 Uhr ein feierlicher Berggottesdienst statt. Lassen Sie sich auf den einfachen Holzbänken nieder. Sie spüren bald, dass ein Berggottesdienst eine besondere Erfahrung ist: Das Leise bekommt Raum, die Uhr geht langsamer. Auch die Menschen um Sie herum sind von dieser Stille, dieser Heiterkeit umfangen …

ANTENNE BAYERN TIPP

Der Höhepunkt des Kirchenjahres auf dem Nußlberg ist das St.-Anna-Fest am 12. Juli – dann wandert neben den festlich gekleideten Trachtlern auch die einheimische Musikkapelle auf den Nußlberg.

Anfahrt **Öffentlich:** Zug nach Oberaudorf, Bus bis Mühlbach/Kiefersfelden. **Auto:** A 93 Ausfahrt Oberaudorf, im Ort nach der Bahnunterführung links Richtung Kiefersfelden. Am südlichen Ortsrand rechts Richtung Luegsteinsee/Mühlau, am Luegsteinsee vorbei hinauf zum Gfall-Stausee.

Informationen Tourist Information Oberaudorf, Kufsteiner Straße6, 83080 Oberaudorf, Tel. 08033/30120; www.oberaudorf.de.

Fliegen bis zum höchsten Berg

83

Abflug in Richtung Wolken. Start mit dem Motor, dann Motor einziehen. Thermik suchen, einige Meter raufgleiten. Vögel beobachten, anderen Segelfliegern beim Starten und Landen zusehen. Ammersee und Starnberger See von oben bestaunen, einen gigantischen Blick auf die Zugspitze erleben – und nie mehr landen …

Er ist so alt wie die Menschheit: der Traum vom Fliegen. Die Welt von oben zu sehen, über den Wolken unterwegs zu sein, die herrliche Landschaft zu genießen, die sanften Hügel des Alpenvorlandes, die blau-grünen Seen, und als Krönung den Blick auf die Zugspitze zu haben.

Wirklichkeit wird dieser Traum im Segelflugzentrum Ohlstadt, dem 2011 eröffneten und modernsten Segelflugplatz am Alpenrand. Hier können Sie mit erfahrenen Piloten fliegen und entspannt dieses fantastische Abenteuer auskosten. Doch Vorsicht! So manchen »Gastflieger« hat der Virus des Segelfliegens gepackt und er hat sich nach der Landung sofort beim Verein der Werdenfelser Segelflieger zum »Führerschein für die Luft« angemeldet!

ANTENNE BAYERN TIPP

Der Besuch des Segelflugplatzes lässt sich wunderbar mit einer leichten, etwa zehn Kilometer langen Rundwanderung verbinden. Los geht's am nördlichen Ortsausgang von Ohlstadt, zunächst nach links, dann über saftige Wiesen sanft bergauf zum Segelflugplatz. Der Rückweg führt am Gut Pömetsried vorbei durch unberührte Landschaft nach Achrain, danach an der Loisach entlang bis zur Brücke, dort links und über Weichs nach Ohlstadt.

Anfahrt **Öffentlich:** Zug nach Murnau, Bus 9611 nach Ohlstadt, ca. 20 Min. Fußweg nach Pömetsried. **Auto:** Von Murnau über die Schwaigangerstraße und die Professor-Küntscher-Straße nach Pömetsried; von Ohlstadt auf der St 2562 nach Pömetsried.

Informationen Segelflugzentrum Ohlstadt, Pömetsried 19, 82441 Ohlstadt, Tel. 08841/7566; www.sportfliegergruppe-werdenfels.de.

Preise Einmal Mitfliegen 50 € (Dauer: ca. 1 Std., abhängig von der Thermik); telefonische Voranmeldung erforderlich.

Königliche Ausblicke kann man während der Wanderung auf den Altlacher Hochkopf genießen (siehe S. 159).

84 Nachts tauchen im tiefsten See

Ein Tauchgang im geheimnisvollen, dunklen Walchensee, seine faszinierende Atmosphäre und eindrucksvolle Stille genießen – das ist ein ganz besonderes Highlight, auch für erfahrene Taucher! Und im Schein der Unterwasserlampen erlebt man die Unterwasserpflanzen und die unter Wasser lebenden Tiere von einer völlig neuen Seite.

Der Walchensee ist mit bis zu 192 Meter Bayerns tiefster See! Und einer, unter dessen Wasseroberfläche sich im Dunkeln so einiges abspielt. Zahlreiche Seebewohner, die sich tagsüber in Höhlen und Spalten verstecken, werden munter und gehen auf die Jagd. Mit etwas Glück begegnet Ihnen beim Tauchen ein Aal, vielleicht auch ein Hecht oder eine Quappe. Im Kegel des Unterwasserscheinwerfers halten die Fische meist für einen kurzen Moment inne, sodass man sie viel besser als am Tag betrachten kann. Auch die alpine Unterwasserwelt zeigt sich in neuem Licht, mit bizarren Felsformationen, dichten Pflanzenregionen und Abbruchkanten.

»Besonders gut geeignet für das Nachttauchen ist die ›Katzeninsel‹«, erklärt Michi Heller, Leiter der einzigen Tauchschule am Walchensee, die neben »normalen« Tauchgängen auch das spektakuläre Nachttauchen anbietet. Daneben gibt es noch andere spannende Tauchplätze, zum Beispiel die »Einsiedlbucht« gleich an der Tauchbasis; am bekanntesten ist sicher die »Galerie« mit ihrer beeindruckenden Steilwand und dem dort »geparkten« VW-Käfer aus der Nachkriegszeit. Außerdem erzählt man sich, dass ein riesiger Waller auf dem Grund des Walchensees haust. Allerdings lässt der sich so gut wie nie blicken …

Anfahrt **Öffentlich:** Zug nach Kochel, Bus 9608 bis Einsiedl/Kochel am See. **Auto:** Über Kochel nach Walchensee, im Ort am See entlang bis Einsiedl.

Informationen Michis Tauchertreff, Einsiedl 1, 82432 Walchensee, Tel. 08858/381 bzw. 0175/2786501; www.michis-tauchertreff.de.

Preise Schnuppertauchen 50 €, Nachttauchen mit Equipment ca. 65 €.

Bergeinsamkeit am Altlacher Hochkopf

85

König Ludwig II. war oft hier, um sich von der Welt zurückzuziehen. Sogar seinen 21. Geburtstag feierte er in der Bergeinsamkeit. Richard Wagner schrieb in der königlichen Jagdhütte auf dem Altlacher Hochkopf an seinem Parsifal. Und sogar heute findet man auf dem recht unbekannten Gipfel und seiner Hütte noch Stille und Einsamkeit.

Ludwig II. hatte die Jagdhütte auf dem Altlacher Hochkopf nach dem Tod seines Vaters Max II. im Jahr 1864 übernommen. In dem schlichten Berghaus kehrte er besonders gerne ein. Im Juni 1867 schrieb er an Wagner, diese einfache Hütte sei ihm »werther als alle Schlösser mit ihrem Glanz und hohlen Prunk«. Da ihm der Aufstieg zu Fuß jedoch zu mühsam war, ließ sich Ludwig II. in einem eigens dafür erbauten Bergwägelchen von einem Pony ziehen. Heute erinnern nur noch ein schwarzer Kachelofen sowie Wandverkleidungen mit Edelweiß- und Rosenornamenten an diese Vergangenheit. Königlich aber ist immer noch der Ausblick, den man schon beim Aufstieg auf den Jochberg und andere Gipfel hat. Und erst recht die Aussicht von der Hütte auf das Wettersteingebirge!

Ausgangspunkt der sehr leichten Bergwanderung durch überwiegend bewaldetes Gelände ist die Richard-Wagner-Gedenktafel westlich des Parkplatzes am Walchensee. Zunächst wandern Sie auf einer Forststraße und später einigen Stufen bergauf, bis Sie auf eine weitere Forststraße stoßen. Dort gehen Sie nach links, anfangs leicht bergab, später wieder bergauf, bis erneut links ein schöner Bergweg abgeht. Dieser bringt Sie in ca. 20 Minuten zur Hochkopfhütte auf 1299 Meter Höhe. Hier lassen Sie sich gemütlich nieder, genießen die Aussicht und Ihre Brotzeit!

Anfahrt **Öffentlich:** Zug nach Mittenwald, Bus nach Walchensee, dann Fußweg. **Auto:** B 13 über Bad Tölz und Lenggries in die Jachenau, dort zur Mautstraße am Walchensee. Am Südufer, östlich von Altlach, an der Brücke parken.

Informationen Aufstieg 1,5–2 Std.; Abstieg (auf gleichem Weg) ca. 1 Std.

Anfahrt **Öffentlich:** Zug nach Mittenwald. **Auto:** A 95 bis Autobahnende, B 2 nach Mittenwald. Im Ort ist die Zufahrt zur Talstation des Kranzberglifts ausgeschildert.

Informationen Barfußwanderweg beim Berggasthof St. Anton, oberhalb der Bergstation der Kranzbergbahn; www.alpenwelt-karwendel.de/barfussweg-mittenwald.htm.

Preise Der Barfußwanderweg ist kostenl[o]
eine Anmeldung ist nicht erforderlich.

Unten ohne in die Berge

86

»Unten ohne« über Rindenmulch, Holzspäne, Kiesel, Sand und andere Naturmaterialien zu laufen, ist wie Schlammbad, Kneippkur und Reflexzonenmassage auf einmal! Und dann noch auf 1250 Meter Höhe oberhalb von Mittenwald mit traumhaften Ausblicken auf Karwendel und Wettersteinmassiv – ist das noch zu toppen?

Es muss ja nicht gleich eine »richtige« Bergtour ohne Schuhe sein, für den Einstieg ist der 1,6 Kilometer lange Barfußwanderweg am Kranzberg bei Mittenwald ein ideales Ausflugsziel – auch für Familien. Hier kann man auf sanfte Art erfahren, wie es sich anfühlt, »unten ohne« in den Bergen unterwegs zu sein.

Los geht's oberhalb der Bergstation des Kranzberglifts beim Berggasthof St. Anton. Dort zieht man seine Schuhe aus und macht schon die ersten, etwas ungewohnten Schritte auf nackten Fußsohlen. Kinder gewöhnen sich meist sehr schnell daran, sie lieben es, barfuß zu laufen und den Untergrund zu erspüren. Aber auch die Erwachsenen genießen es, auf den über 20 Stationen des Wegs mit ihren Zehen und Fußsohlen Rindenmulch, Kieselsteine, Sand und mehr zu ertasten. Man erinnert sich an die Kinderzeit, als man unbeschwert ohne Schuhe und Socken über Wiesen und Wege lief. Wo man sonst versucht, jeder Pfütze, jedem Matsch auszuweichen, stapft man nun lustvoll hinein. Gleich danach kitzelt es an der Fußsohle, später piekst es oder man versinkt, dann fühlt sich der Boden wunderbar weich an … und zum Abschluss des etwa 30-minütigen Rundwegs geht's ins kalte Wasser. Und falls Sie am Kranzberg auf den Geschmack gekommen sind: Mittlerweile sprießen Barfußpfade und Barfußfühlstrecken in ganz Bayern wie Pilze aus dem Boden.

ANTENNE BAYERN TIPP

Wenn Sie den Barfußwanderweg zu einer längeren Wanderung ausdehnen möchten, können Sie in ca. einer Stunde gemütlich von der Talstation der Kranzbergbahn in Mittenwald zur Bergstation aufsteigen. Der Lohn ist ein Traumpanorama – und was glauben Sie, wie zügig Ihre Kinder mit der Aussicht auf den spannenden Barfußpfad unterwegs sein werden?

Anfahrt **Öffentlich:** Zug nach Garmisch-Partenkirchen, vom Bahnhof Bus zur Wankbahn. **Auto:** A 95 München–Garmisch bis Autobahnende, weiter Richtung Partenkirchen. Am Ortseingang von Garmisch-Partenkirchen nach links in die Münchner Straße abbiegen, dann nochmals links und der Ausschilderung zur Wankbahn folgen. An der Talstation der Bahn große Parkplatz.

Informationen Tourismusgemeinschaft Zugspitz-Region, Richard-Strauss-Platz 1, 82467 Garmisch-Partenkirchen, Tel. 08821/751562; www.zugspitz-region.de.

Sonnenaufgang auf dem Wank

87

Mitten in der Nacht aufstehen, sich ins Auto setzen und nach Garmisch fahren. Dort die Bergschuhe schnüren und im Dunkeln rund dreieinhalb Stunden bergauf wandern – um dann auf dem Gipfel des Wank in 1780 Meter Höhe mit einem großartigen Sonnenaufgang und einer fantastischen Aussicht auf die Zugspitze belohnt zu werden!

Für dieses einmalige Erlebnis lohnt es sich, den Wecker einmal früher zu stellen. Und vergessen Sie die Kamera nicht – Sie wollen doch am nächsten Tag im Büro die Kollegen vor Neid erblassen sehen … Denn das Spektakel, das sich Ihnen beim Aufstieg und schließlich oben auf dem Gipfel des Wank, der südlichsten Erhebung des Estergebirges, bietet, ist unvergleichlich und garantiert unvergesslich! Spätestens beim letzten Wegstück zum Gipfel, das sich in vielen Kehren bergauf schlängelt, erleben Sie, wie sich der Himmel im Osten allmählich aufhellt und vielleicht sein schönstes Morgenrot zeigt.

Am Wankhaus angekommen, scheint auf der Terrasse bereits die Sonne, ihre wärmenden Strahlen tun gut nach dem anstrengenden Aufstieg. Packen Sie Ihr Frühstück aus, genießen Sie einen Schluck dampfendheißen Kaffee und beobachten Sie, wie sich das Sonnenlicht von Osten her ausbreitet, die Grate und Gipfel des Wettersteins in strahlendes Licht taucht und nach und nach das ganze Gipfelpanorama sichtbar wird. Kenner sagen, dass es in den Bayerischen Alpen seinesgleichen sucht: Vor Ihnen liegen das Karwendel-, Ester-, Ammer- und Wettersteingebirge mit Alpspitze, Zugspitze und Waxensteinen – es heißt, man könne an klaren Tagen Hunderte von Gipfeln sehen! Auch Garmisch-Partenkirchen unten im Tal und das Loisachtal bekommen allmählich Licht. Haben Sie den Tag schon einmal so spektakulär begrüßt?

Als Frühaufsteher wählen Sie am besten den Auf- und Abstieg über die Esterbergalm und den Nordhang zum Gipfel. Die gesamte Gehzeit beträgt ungefähr sechs Stunden. Ausgangspunkt ist dabei der Parkplatz der Wankbahn.

Anfahrt **Öffentlich:** Zug nach Pfronten, weiter mit Bus 71, Haltestelle Geometerweg, von dort 2 km Fußweg zum Alatsee. **Auto:** Auf der B 310 bis zum Weißensee, von dort der Ausschilderung zum Alatsee folgen.

Informationen Tourist Information Füssen, Kaiser-Maximilian-Platz 1, 87629 Füsse Tel. 08362/93850; http://www.fuessentourismus.com.

Der Alatsee: Bayerns geheimnisvollster See 88

Spätestens seit dem Kluftinger-Roman »Seegrund« von Volker Klüpfel und Michael Kobr ist der Alatsee bei Füssen überregional bekannt. Um diesen idyllisch gelegenen See ranken sich allerlei geheimnisvolle Geschichten. Tatsache ist, dass er sich alle paar Jahre rot färbt und dann wie ein »Blutsee« aussieht. Sind da geheimnisvolle Mächte am Werk?

Auf alle Fälle gibt es seit alters her allerlei Sagen, Gerüchte und Geschichten um diesen rätselhaften See. So sollen auf seinem Grund drei verwünschte Schwestern leben, die wohl bis heute umhergeistern. Angeblich versuchen sie manchmal sogar, junge Taucher anzulocken, um sich mit diesen zu vermählen und so endlich Ruhe zu finden …

Nicht minder sagenumwoben war lange Zeit die Tatsache, dass sich der über 30 Meter tiefe Alatsee immer wieder rot färbt – »blutet«, wie die Einheimischen sagen. Mittlerweile fanden Forscher allerdings heraus, dass dafür große Mengen Purpurschwefelbakterien verantwortlich sind, die sonst in einer Tiefe von 15 Metern unter Wasser leben. Wenn sich das Wasser stark umwälzt, kommen diese Bakterien nach oben und verfärben den See. Unterhalb dieser Bakterienschicht gibt es keinen Sauerstoff und kein Leben im Alatsee.

Eine Tafel am Ostufer erinnert zudem an andere dunkle Zeiten: In den 40er-Jahren wurden hier unter Leitung von Wernher von Braun Unterwasserschleppversuche durchgeführt. Seit dem Jahr 1945 reißen Gerüchte nicht ab, dass der See als Versteck für die Goldvorräte des Nazi-Regimes diente. Angeblich wurden auf seinem Grund Goldschätze der Deutschen Reichsbank, die zuvor auf Schloss Neuschwanstein gelagert waren, versenkt.

Sicher ist, dass bereits mehrere Taucher beim Versuch, diese Schätze zu bergen, ums Leben kamen. Dennoch – oder vielleicht gerade deshalb? – hat sich der Alatsee seine mysteriöse Aura bewahrt. Wen wundert es also, dass der geheimnisvollste See Bayerns schließlich auch die Fantasie von Krimiautoren anregte …

89 Einmal im Leben Ritter sein!

Ihre Kinder lieben Ritter und Burgfräulein? Stehen auf Lagerleben und Armbrustschießen? Dann haben wir hier eine super Idee für Sie: Die Ritterspektakel auf der Burg Sulzberg im Allgäu sind ein toller Spaß für die ganze Familie! Und eine echte Alternative zum großen Besucherandrang bei den Spielen in Kaltenberg.

Dreimal im Jahr gehört die Burg den Kids: Sie dürfen in die Fußstapfen »echter« Ritter treten, bekommen ritterliche Kleidung, Helm und Schild und lernen, was es im Mittelalter hieß, ein Ritter zu sein. Anders als damals können sich jetzt auch Mädchen zum Ritter schlagen lassen und wie die Jungs verschiedene ritterliche Disziplinen erlernen. Nach erfolgreicher Ausbildung wenden die Nachwuchsritter ihre frisch erworbenen Fähigkeiten im Zweikampf praktisch an. Zur Krönung gibt's eine Urkunde und den Ritterschlag – und zur Stärkung Würstchen am Lagerfeuer und Getränke.

Jedes Jahr am ersten Wochenende im September findet zudem ein großes Burgfest statt. Doch natürlich kann man die Burg Sulzberg das ganze Jahr über besichtigen und sich anschaulich über deren Geschichte informieren.

ANTENNE BAYERN TIPP

Auch nicht mehr ganz jugendliche Ritter können auf dem Gelände der Burg Schwertkampf, Schwertfechten und Schaukampf trainieren. Interessiert? Burgfreunde Sulzberg e. V., Tel. 08376/92010; www.burgfreunde-sulzberg.de.

Anfahrt **Öffentlich:** Zug nach Kempten, dort Anruf-Sammel-Taxi AST 301 Richtung Oy bis Sulzberg (Voranmeldung bis 45 Min. vor Abfahrt, Tel. 0831/12555). **Auto:** A 980 Ausfahrt Durach/Sulzberg, dort Richtung Sulzberg fahren.

Informationen Termine Kinder-Ritterfeste 2012: 1. Juni, 20. Juli, 10. August, jeweils um 14 Uhr; Treffpunkt um 13.45 Uhr am Rathaus in Sulzberg; Anmeldung erforderlich. Spätere Termine siehe Homepage. Gästeinformation Sulzberg, Rathausplatz 4, 87477 Sulzberg, Tel. 08376/920119; www.sulzberg.de.

Preise Kinder 3 €, Erwachsene 4 €.

Mit der eigenen Fähre über die Iller

90

Wo gibt es das noch? Mit einer kleiner Personenfähre über einen Fluss gerudert zu werden? Bei gutem Wetter und rechtzeitiger Anmeldung beim urigen Fährmann Sepp Fischer! Also nichts wie ans Telefon, möglichst ein, zwei Tage vorher! Und bitte sagen Sie dazu, auf welcher Seite der Iller Sie abgeholt werden möchten …

Los geht's mit einer Wanderung in Illerbeuren am Bauernhofmuseum. Dort biegen Sie links in die Museumsstraße, dem Fußweg unter der Kirche folgend, und wandern dann an der Hauptstraße links bergauf. Hinter der Eisenbahnbrücke erneut bergauf, zunächst über Stufen, dann durch den Wald. Nach etwa einer halben Stunde geht der Weg in einen breiteren Forstweg über. Wenig später taucht die Wallfahrtskirche Maria Steinbach auf.

Weiter führt der Weg durch den Ort Maria Steinbach. Beim Landgasthof Löwen biegen Sie links auf eine schmale Teerstraße, kommen an ein paar Höfen vorbei, dann in den Mischwald. Bald stoßen Sie auf ein altes Holzschild, das den Weg zur Fähre weist. Fährmann Sepp sollte Sie am Illerufer bereits erwarten und mit seiner Fähre über den ruhig dahintreibenden Fluss steuern. Am anderen Ufer gehen Sie bis zur Straße, nehmen den bei der Bushaltestelle abzweigenden Fußweg nach Kronburg und laufen in Richtung Wald. Dann führt der Pfad bergauf und stößt kurz darauf auf einen Forstweg. Dort links bis zur Straße, dann links auf den Forstweg. Wenig später entdecken Sie an einem Baum einen weißen Pfeil, dem Sie bis zur Straße folgen. Sie überqueren diese, wandern durch fast dschungelartigen Wald und erreichen wieder das Bauernhofmuseum.

Anfahrt **Öffentlich:** Zug nach Leutkirch, Bus 966 Richtung Legau, Haltestelle Feuerwehrhaus. **Auto:** A 96 Ausfahrt Aitrach/Legau, zunächst Richtung Legau, dann Richtung Illerbeuren fahren, in Lautrach abbiegen zum Bauernhofmuseum Illerbeuren.

Informationen Fährmann Sepp Fischer, Tel. 08394/665 (am besten abends).

Preise Pro Person 1 €.

Anfahrt **Öffentlich:** Zug nach Kempten, Bus 50 Richtung Isny. **Auto:** A 96 Ausfahrt Jengen/Kaufbeuren, auf B 12 Richtung Kempten, dann auf St 2055 bis Buchenberg, dort rechts Richtung Eschach, links Parkplatz an der Sommerau.

Informationen Tourist-Info Buchenberg, Rathaussteige 2, 87474 Buchenberg, Tel. 08378/920222; www.buchenberg.de.

Wunderbar: Im Moor-Matsch spielen

91

Etwas Überwindung kostet es schon, in die dunkle, dickbreiige Pampe hineinzugleiten. Doch dann kommt die Erinnerung an die Kindheit wieder, wie viel Spaß es damals gemacht hat, mit Schlamm zu spielen … und schon sind Sie drin, im Moorloch. Danach geht's zum Abwaschen in den Moorweiher.

Ein unvergessliches Erlebnis für Groß und Klein: das Eintauchen ins Moorloch an der Sommerau in Buchenberg. Normalerweise müssen Sie für Moorpackungen und -bäder teuer bezahlen – hier gibt's das alles gratis. Und zusätzlich zum würzigen Bad im Schlamm jede Menge frische Luft und eine weitgehend naturbelassene Umgebung – das ist Balsam für Körper und Seele. Nicht selten wird der eine oder andere im Moorloch plötzlich wieder zum Kind, und dann heißt es: Vorsicht Wurfgeschoss! Kopf einziehen … Apropos Geschoss: Napoleons Soldaten brachten das Baden im Moor nach Deutschland, nachdem sie es in Ägypten kennengelernt hatten.

Schlammverschmiert machen Sie sich danach auf den Weg zum nahen Moorweiher, springen hinein und stellen fest, wie wunderbar weich sich sein Wasser auf der Haut anfühlt. Manche halten das Baden im Moorwasser sogar für einen Jungbrunnen. Doch noch ist das Wellness-Programm nicht zu Ende: Jetzt wartet das Kneipptretbecken auf Sie …

Wer lieber aktiv Sport treibt, hält sich an den attraktiven Freizeitpark gleich beim Moorweiher. Hier können Sie nach Lust und Laune Beachvolleyball spielen, sich auf dem Bolzplatz austoben, auf dem Tennisplatz brillieren oder beim Minigolf Punkte sammeln. Für die Kids gibt es einen großen Spielplatz. Und falls sich Hunger und Durst einstellen, wartet der kleine Kiosk am See auf Sie.

ANTENNE BAYERN TIPP

Auch außerhalb der Badesaison kann man den Moorweiher auf einem anschaulich gestalteten Moorlehrpfad umrunden und dabei viel über die Welt der Moore und die dort lebenden Tiere erfahren. Vielleicht entdecken Sie selbst einen Moorfrosch, einen Wasserläufer oder gar einen Feuersalamander.

Anfahrt **Öffentlich:** Mit dem Zug nach Immenstadt, von dort mit dem Bus (Linie Immenstadt–Oberstaufen) bis zur Haltestelle Ratholz/Jägerhaus. **Auto:** B 308 bis Immenstadt, dort der Ausschilderung Ratholz/Jägerhaus folgen.

Informationen Alpsee Bergwelt, Ratholz 24, 87509 Immenstadt, Info-Tel. 08325/252; www.alpsee-bergwelt.de.

Preise Kinder (bis 14 Jahre): Sesselbahn Bergfahrt u. Alpsee-Coaster 7,90 €, Alpsee-Coaster Einzelkarte (ohne Bergfahrt) 5 €; Erwachsene Sesselbahn Bergfahrt u. Alpsee-Coaster 9,90 €, Alpsee-Coaster Einzelkarte (ohne Bergfahrt) 6 €

Adrenalin-Kick – mit 40 km/h bergab

92

Einfach cool: Achterbahn-Feeling auf dem Alpsee-Coaster, der 2,8 Kilometer langen Ganzjahresrodelbahn am Alpsee bei Immenstadt. Den Rausch der Geschwindigkeit erleben, 68 (!) Kurven, 23 Wellen, sieben Jumps und andere Raffinessen meistern – was für eine Gaudi! Und das rund ums Jahr und bei (fast) jedem Wetter.

Einsteigen, anschnallen, Gas geben und mit Vollgas geht's bergab. In rasantem Tempo folgt Kurve auf Kurve, man kommt kaum zum Luftholen. Auf halber Strecke dann eine grandiose Steilpassage, mehrere Gefällekurven, ein gigantischer 430-Grad-Kreisel; das Tempo am eigenen Körper erleben, wie in der Achterbahn kreischen … Wenn Sie das Gaspedal durchgedrückt lassen, dauert der Nervenkitzel etwa fünf Minuten. Sie können natürlich auch bremsen, müssen es aber eigentlich nicht – es sei denn, der Vordermann ist ein Schleicher, dann dauert die Abfahrt entsprechend länger. Die Coaster laufen auf Schienen und bremsen bei 40 km/h automatisch herunter.

Ein Spaß für die ganze Familie ist der Alpsee-Coaster: Kinder ab drei Jahren dürfen als Beifahrer mit, ab acht Jahren und einer Mindestgröße von 1,40 Metern auch allein fahren und ab 14 Jahren einen Beifahrer mitnehmen. Mit kleineren Kindern empfiehlt sich die Auffahrt mit der Sesselbahn zum Alpsee-Coaster, mit Schulkindern lohnt sich der sehr schöne, etwa eineinhalbstündige Aufstieg. Wer noch eins obendrauf setzen möchte, rast bei Dunkelheit auf der von Scheinwerfern beleuchteten Strecke bergab! Samstags und mittwochs ist der Alpsee-Coaster bis 22 Uhr geöffnet – allerdings nur vom 26. Mai bis 9. Juni und vom 4. Juli bis 8. September 2012.

ANTENNE BAYERN TIPP

Wenige Meter vom Alpsee-Coaster entfernt erwartet Sie ein weiteres Highlight: Bayerns größter Hochseilgarten, der Kletterwald »Bärenfalle«. Kinder ab sechs Jahren, Jugendliche und Erwachsene können sich hier bis zu drei Stunden verausgaben, auf 16 Parcours in unterschiedlichen Schwierigkeitsstufen von leicht bis schwer. Das Kombiticket inklusive Alpsee-Coaster und Sesselbahn schont den Geldbeutel.

Anfahrt **Öffentlich:** Zug nach Fischen. **Auto:** B 19 Richtung Oberstdorf bis Fischen, dort am Ortsende links zum Bahnhof fahren.

Informationen Gästeinformation Fischen, Am Anger 15, 87538 Fischen im Allgäu, Tel. 08326/36460; www.fischen.de.

Aufregend: Zutrauliche Eichhörnchen füttern 93

Psst! Leise sein! Vorsichtig ins Unterholz kriechen, mit einer Handvoll Haselnüsse. Dann heißt es warten und nicht ungeduldig werden … Tatsächlich, da hüpft ein braunes Eichhörnchen vom Baum auf den Boden, in Richtung der leckeren Nüsse. Wer ganz still hält, dem frisst es vielleicht sogar aus der Hand!

Wetten wir, dass Ihre Kids große Lust auf diesen Ausflug nach Fischen in den »Eichhörnchenpark« haben? Zumal der Spaziergang nur eine gute halbe Stunde dauert und sogar kinderwagentauglich ist. Ein Tipp: Kommen Sie vormittags, dann sind die kleinen Nager richtig hungrig und lassen sich – mit etwas Glück und Geduld – aus der Hand füttern oder springen Ihnen sogar auf den Schoß. Und natürlich: Vergessen Sie die Nüsse nicht!

Sie starten am Bahnhof, wo Sie die Gleise überqueren, über die Brücke gehen und vor dem Gasthof links abbiegen. Schon taucht das erste Zwischenziel auf, ein Spielplatz, der zum Klettern und Schaukeln einlädt. Genug getobt? Dann queren Sie den Bach und gelangen in den Kurpark. Dort geht es nach links auf den Rundweg zur nächsten Attraktion, einem Lamagehege. Nehmen Sie sich etwas Zeit und beobachten Sie die sympathischen Tiere. Im Anschluss folgen Sie der Straße nach rechts, biegen vor dem Illerdamm erneut rechts ab – und schon haben Sie den Weidachwald, bekannt als »Eichhörnchenwald«, erreicht. Und jetzt wie oben beschrieben vorgehen … Wundern Sie sich nicht, wenn das zutrauliche Eichhörnchen die Nuss einfach davonträgt. Es sorgt für den Winter vor und legt einen Nahrungsvorrat an. Sollten Sie Pech haben und partout keine Eichhörnchen auftauchen – im Wald leben auch Tannen- und Eichelhäher, die ebenfalls Nüsse lieben.

Für den Rückweg gehen Sie zunächst geradeaus, dann halb rechts, an der Kreuzung in Richtung Fischen und wieder in den Kurpark. Sie kommen am Minigolf- und später am Spielplatz vorbei und folgen dem Weg am Bach entlang zurück zum Parkplatz.

Anfahrt **Öffentlich:** Zug nach Oberstdorf, dann Bus nach Birgsau. **Auto:** A 980 Richtung Oberstdorf, Ausfahrt Waltenhofen, auf der B 19 nach Oberstdorf. Kostenpflichtiger Parkplatz an der Fellhornbahn, weiter mit dem Bus nach Birgsau.

Informationen Enzianhütte, Familie Schwegler, Kirchsteige 6, 87509 Immenstadt/Bühl, Tel. privat 08323/7860, Hütte 0170/7931655; www.enzianhuette-oberstdorf.de. Fragen oder Reservierungen ausschließlich telefonisch.

Preise Wellnessbereich, inkl. Leihhandtuch Kinder (bis 12 Jahre) 6 €, Erwachsene 13 €; nur Whirlpool: 3 € bzw. 6 €; Teilmassage (25 Min.) 32 €, Vollmassage (40 Min.) 38 €.

Wellness in 1804 Meter Höhe

94

So könnte Ihr Traumwochenende aussehen: eine abwechslungsreiche Bergtour in den Allgäuer Alpen mit schweißtreibendem Aufstieg zur Hütte, dort Entspannung in Whirlpool und Sauna, vielleicht eine Massage. Als Krönung ein 4-Gänge-Feinschmeckermenü, danach wunderbar schlafen im gemütlichen Doppelzimmer …

Vom Alltag abschalten, die Seele baumeln lassen und neue Kraft tanken – klingt gut, oder? Wenn Sie dann noch gerne in den Bergen unterwegs sind, sich vor einem etwas knackigen Aufstieg nicht scheuen, dann schnüren Sie doch Ihre Wanderschuhe und machen sich auf den Weg zur Enzianhütte. Hier erwartet Sie der höchstgelegene Wellnessbereich im Alpenraum: ein mit Alpenquellwasser gefüllter Massage-Whirlpool, eine klassische Aufguss-Sauna sowie medizinische Massagen. Außerdem eine Küche, die selbst Feinschmecker begeistert!

Zugegeben, der erste Teil des rund zweistündigen Aufstiegs zur Hütte ist nicht allzu spektakulär, er verläuft durch den Wald auf einer für den Verkehr gesperrten Fahrstraße bis zum Gasthof Einödsbach. Doch dafür entschädigt der aussichtsreiche Rest der Tour! Beim Gasthof beginnt der Anstieg zur Hütte gleich recht steil. Danach schlängelt sich der Weg durch idyllische Wald- und Wiesenabschnitte zur Petersalp. Am Wochenende ist sie bewirtschaftet, unter der Woche stellt der Wirt kalte Getränke im Brunnen bereit, die man nach Bezahlung mitnehmen darf. Der weitere Weg führt auf Serpentinen steil bergan, und nach 700 Höhenmetern haben Sie schließlich die Enzianhütte erreicht.

Bei Regenwetter ist der Weg schlammig und kann an Felsstücken glitschig sein, deshalb unbedingt Bergschuhe anziehen und Wanderstöcke mitnehmen.

ANTENNE BAYERN TIPP

Wenn Sie noch höher hinaus wollen, hängen Sie eine Stunde Gehzeit dran und wandern bis zur wunderschön gelegenen Rappenseehütte auf über 2000 Meter Höhe – allerdings ist dieser Aufstieg ziemlich zünftig und nur Geübten zu empfehlen. Als Lohn Ihrer Mühen erwartet Sie ein unbeschreiblich guter Schokopudding …

Anfahrt **Öffentlich:** Zug nach Oberstdorf, weiter mit dem Bus zur Oybelehalle/Nebelhornbahn. **Auto:** A 980 Richtung Oberstdorf, Ausfahrt Waltenhofen. In Oberstdorf am Ortseingang der Ausschilderung zur Nebelhornbahn folgen und dort parken.

Informationen Berggasthof Gerstruben, Gerstruben 1, 87561 Oberstdorf, Tel. 08322/959290; www.oberstdorf.de.

Wildromantisch: Durch den Hölltobel 95

Eine herrliche Wanderung – und dann erleben Sie ein Bergdorf, das komplett unter Denkmalschutz steht: Gerstruben auf 1145 Meter Höhe in den Allgäuer Alpen! Seine bis zu 500 Jahre alten Holzhäuser bieten einen fantastischen Kontrast zu den grünen Wiesen, den schroffen Gipfeln der Alpen und dem blauen Himmel.

Geübte Bergsteiger und jugendliche Kraxler werden vom leicht abenteuerlichen Aufstieg nach Gerstruben begeistert seit, denn er führt durch den wildromantischen Hölltobel, die Durchbruchsschlucht des Dietersbaches. Anfangs ist die Wanderung gemütlich, im zweiten Teil folgt ein ziemlich knackiger Aufstieg, der Trittsicherheit voraussetzt. Höhepunkt ist die je nach Wasserstand mehr oder weniger feuchte Überquerung des rauschenden Wildbachs.

Wenig später haben Sie die vier dunklen Holzhäuser und die kleine Kapelle erreicht, das, was von dem alten Bauerndorf Gerstruben übrig geblieben ist. Einst lebten hier elf Familien von Viehwirtschaft und dem Wenigen, was das schwer zu bebauende Land abwarf. Strom gab es nicht, im Winter war man oft eingeschneit. 1892 verkauften die Bauern Land und Häuser und gingen fort.

Eines der Häuser, das »Jakobe-Haus«, zeugt heute als kleines Museum vom harten Leben seiner früheren Bewohner: Küche, Ställe, Heuboden und Tenne wurden renoviert, ein Bauerngarten angelegt. Leider hat es nur samstags von 13 bis 16 Uhr geöffnet. Täglich geöffnet hat dagegen der Berggasthof Gerstruben, wo Sie sich nach der Wanderung stärken können – am schönsten auf der Terrasse mit gigantischem Bergpanorama!

ANTENNE BAYERN TIPP

Eine weitere malerische, etwa dreistündige Wanderung führt ab Oberstdorf ins Trettachtal zum Christlessee. Früher erzählte man sich so manche Geschichte über diesen geheimnisvollen See, weil er niemals zufriert, auch im kältesten Winter nicht. Seine Wassertemperatur beträgt das ganze Jahr über drei bis sechs Grad Celsius. Heute weiß man, dass unterirdische Quellen den See speisen und dieses Phänomen verursachen.

Anfahrt **Öffentlich:** Zug nach Fischen (15 km) oder Oberstdorf (22 km), weiter mit Bus oder Taxi. **Auto:** Autobahnkreuz Allgäu (A 7), Richtung Waltenhofen/Oberstdorf, in Fischen an der zweiten Ampel rechts abbiegen, auf der OA 9 über den Riedbergpass nach Balderschwang.

Informationen Gästeinformation Balderschwang, Dorf 16, 87538 Balderschwang Tel. 08328/1056; www.balderschwang.de.

Wer ist schöner? Die Kühe oder die Mädchen? 96

Mitte September verwandelt sich das kleine Dorf Balderschwang für einen Tag in einen Hexenkessel. Am höchsten Feiertag der Alpbauern, dem Viehscheid, ist der ganze Ort auf den Beinen, und es kommen unzählige Besucher aus nah und fern hierher, um das Spektakel des Alpabtriebs der Rinder mitzuerleben.

Schon in den Tagen davor haben die Älpler, wie die Bergbauern hier heißen, alle Hände voll zu tun: die Zugschellen polieren, unzählige Blumenkränze flechten. Alle Tiere müssen in den Stall getrieben, festgebunden und für ihren großen Auftritt »fein« gemacht werden: Wenn die Herde den Sommer unfallfrei überstanden hat, bekommt das »Kranzrind«, das die Herde anführt, einen aufwendigen Kopfschmuck aus Zweigen, Bergblumen und Bändern. Die Schellen, welche die Rinder den Sommer über auf der Weide getragen haben, werden gegen die frisch geputzten Zugschellen ausgetauscht, allen Rindern Blumenkränze aufgesetzt.

Dann geht der nicht ungefährliche Abstieg los. Schon von Weitem kündigen die über 100 Rinder mit Schellengeläut ihre Ankunft im Tal an. Am Scheidplatz werden die einzelnen Tiere von der Herde getrennt und ihren Besitzern übergeben.

Dort ist schon alles vorbereitet. Die Männer der Freiwilligen Feuerwehr Balderschwang, die den Viehscheid ausrichtet, haben Tische und Bänke aufgebaut, Bierfässer geschleppt und alles getan, was sonst noch für ein zünftiges Beisammensein nötig ist. Ihre Frauen haben Salate kreiert und Kuchen gebacken, denn schließlich soll ordentlich gegessen und getrunken werden.

Natürlich tragen die Balderschwanger heute ihre schönste Tracht – übrigens zwei verschiedene: zum einen die Allgäuer Tracht und zum anderen die österreichische aus dem Bregenzer Tal. Das ist nur eines von mehreren Kuriosa von Balderschwang, der mit 1044 Metern über dem Meeresspiegel höchsten und mit rund 260 Einwohnern kleinsten selbstständigen Gemeinde Deutschlands!

Anfahrt **Öffentlich:** Zug nach Blaichach, Bus zur Gunzesrieder Säge (Nr. variiert je nach Schul- oder Ferienzeit); www.blaichach.de. **Auto:** B 19 bis Sonthofen-Nord, dort Richtung Gunzesried, durch das Gunzesrieder Tal zur Gunzesrieder Säge fahren.

Informationen Purelements, Burgweg 11 a, 87527 Sonthofen, Tel. 08321/677190; www.purelements.de. Bitte beachten Sie, dass Sie die Canyoning Tour vorab reservieren müs sen. Treffpunkt ist der Parkplatz an der Gunzes rieder Säge im Gunzesrieder Tal.

Preise Ab 4 Personen; Kinder (bis 14 Jahr 75 €, Erwachsene 90 €.

Action vom Feinsten: Canyoning im Ostertal 97

Nervenkitzel, Adrenalin und jede Menge Spaß – wenn Sie das Allgäu einmal ganz anders erleben wollen, sind Sie beim Canyoning genau richtig! Was Sie bei diesem Outdoor-Sport erwartet? Abseilen und Klettern auf glatten Felsen, Springen in tiefe Gumpen, Rutschen und Schwimmen. Auch für Kids ab sechs Jahren echt cool!

Wie finden Sie die Vorstellung, an einem Stahlseil hängend einen Wasserfall zu überqueren? Bekommen Sie Gänsehaut, oder möchten Sie sofort loslegen? Das ist nur eine der Aufgaben, die Sie bei der Canyoning Tour im Allgäuer Ostertal bei Kempten erwartet. Ziel beim Canyoning ist es, eine Bergschlucht zu überqueren: wandernd, kletternd, springend, schwimmend oder rutschend. Ein genialer Mix aus Bergsteigen und Wassersport! Eine gewisse Grundsportlichkeit sollten Sie mitbringen, ansonsten eignet sich die geführte Canyoning Tour im Ostertal für (fast) jeden, ob Schulkind, Teenie oder Best Ager. Sie alle werden hier neue Erfahrungen machen, Grenzen überschreiten … und am Ende des Tages stolz auf sich sein!

Doch bevor es ans »Schluchteln« geht, wie man in Österreich so treffend sagt, erhalten Sie erst einmal eine umfassende Einführung in die Sicherheitsvorkehrungen, außerdem werden Neoprenanzüge, Klettergurte und Helme ausgegeben. Zum Warmwerden folgt eine etwa halbstündige Wanderung bergauf am Ostertalbach entlang.

Dann geht's los: Mit professioneller Hilfe üben Sie zunächst das Sichern und Abseilen und steigen im Anschluss daran in die Schlucht hinunter – jetzt allerdings nicht mehr neben dem Bach, sondern direkt im Wasser. An manchen Stellen wandern Sie im seichten Wasser, anderswo durchschwimmen Sie eine tiefe Gumpe. Vielleicht haben Sie sogar Lust, vom Schluchtrand aus ins Wasser zu springen? Der ausgebildete Guide ist immer an Ihrer Seite, gibt Ihnen Tipps oder legt auch mal Hand ans Seil. Ein unvergessliches Erlebnis, von dem Sie sicherlich noch lange schwärmen werden!

Anfahrt **Öffentlich:** Zug nach Immenstadt, Bus 39 nach Oberstaufen-Thalkirchdorf, Haltestelle Hense, ca. 10 Min. Fußweg. **Auto:** A 7, Allgäuer Dreieck Richtung Lindau, in Waltenhofen Richtung Oberstdorf bis Ausfahrt Immenstadt. Weiter Richtung Oberstaufen, kurz vor Oberstaufen nach Thalkirchdorf abbiegen.

Informationen Käseschule Allgäu, Kirchdorfer Straße 7, 87534 Thalkirchdorf bei Oberstaufen, Tel. 0172/8908738; www.kaeseschule.de.

Preise Pro Person 34,50 €; zu zweit 1 Käse herstellen 55 €; Familien mit 1 Kind 55 € für 1 To

Im schönen Allgäu
Käse machen

98

Wer wissen will, wie aus Milch Käse wird, ist im Allgäu richtig, genauer gesagt in der ersten Käseschule Deutschlands in Thalkirchdorf. Dort führt Käsermeister Georg Gründl höchstpersönlich seine Gäste in die hohe Kunst des Käsens ein – und das überaus kurzweilig und abwechslungsreich … von »Schule« keine Spur!

»Mir macht das einfach Spaß, meine Leidenschaft für den Käse an die Leute weiterzugeben«, erzählt der freundliche Käsermeister. »Inzwischen kommen sie schon extra aus München, Augsburg oder Stuttgart zu mir zum Käsemachen!«

Im gemütlichen Thalkirchdorfer Dorfhaus, wo die Kurse stattfinden, warten bereits Kupferkessel, Thermometer und Kelle auf die »Käselehrlinge«. Und los geht's: Haarnetz aufsetzen und Kochschürze anziehen. Jeder Teilnehmer bekommt seinen eigenen Kessel, in dem er in den nächsten zweieinhalb Stunden frischen Weichkäse herstellt. Wie das geht, erklärt Gründl.

Zunächst schüttet man frische Rohmilch vom Bergbauern in den Kupferkessel, hängt ein Thermometer hinein und erwärmt die Milch auf 34 Grad Celsius. Dann gibt man mit Wasser vermischtes Lab dazu und lässt alles etwa eine halbe Stunde lang ruhen. Die Wartezeit vertreiben Sie sich im hauseigenen Käseladen bei einer kleinen Käseprobe. Wieder zurück, wird mit einem Spezialmesser geprüft, ob die Milch fest geworden ist.

Nun heißt es arbeiten: die Masse in etwa haselnussgroße Stücke, den Käsebruch, schneiden, mit einer Schöpfkelle abschöpfen, in eine Form füllen und ein Gewicht daraufstellen. Jetzt muss der Käse wieder ruhen, und zwar zehn bis zwölf Stunden. Doch keine Sorge: Sie müssen nicht so lange warten, sondern können den Käse nach ungefähr eineinhalb Stunden mitnehmen und ihn zu Hause reifen lassen. Zum Abschluss der Käseschule gibt es ein Stamperl Heuschnaps und für jeden Teilnehmer natürlich ein Käsediplom. Und nicht zuletzt das Rezept für den eigenen Käse! Also, guten Appetit!

Anfahrt **Öffentlich:** Zwar fahren Busse, allerdings geht's danach erst noch mit einem 20-minütigen Fußmarsch weiter. Auskünfte u. a. über die Fremdenverkehrsämter. **Auto:** A 96 Ausfahrt Sigmarszell/Scheidegg, am Kreisverkehr in Scheidegg die erste Ausfahrt nehmen, der Beschilderung »skywalk allgäu« folgen.

Informationen Skywalk Allgäu, Obe schwenden 25, 88175 Scheidegg, Tel. 08381/ 8961800; www.skywalk-allgaeu.de.

Preise Kinder (ab 1 Meter u. bis 17 Jahre) 6 €, Kinder unter 1 Meter frei, Erwachsene 8,5

Mit dem Kinderwagen auf den Baumwipfel 99

Sie meinen, das geht nicht? Dann überzeugen Sie sich beim Skywalk nahe Scheidegg, einem etwa 540 Meter langen und bis zu 40 Meter hohen Baumwipfelpfad, selbst davon: Dieses außergewöhnliche Naturerlebnis steht sogar jungen Eltern mit Kinderwagen, älteren Menschen mit Geheinschränkungen, Rollator oder Rollstuhl offen!

Etwas mulmig wird einem vielleicht schon, wenn man die aufwendigen Stahl- und Holzkonstruktionen des Baumwipfelpfades hoch über sich sieht und sich vorstellt, dort oben mit Rollstuhl oder Kinderwagen unterwegs zu sein. Andererseits ist es wirklich großartig, sich auf dieser gigantischen Hängebrücke mitten im Wald oberhalb der Baumwipfel zu bewegen! Den Wald und seine Bewohner einmal aus der Vogelperspektive zu erleben. Die traumhaften Ausblicke auf den Bodensee, die Alpen und das Alpenvorland zu genießen.

Zur Ermutigung ein paar Fakten: Der Baumwipfelpfad ist durchgehend 1,8 Meter breit, sodass zwei Rollstuhlfahrer oder zwei Kinderwagen problemlos aneinander vorbeifahren können. Ein Aufzug bringt Sie ganz bequem auf den 35 Meter hohen Turm, von dessen Plattform aus Sie Zugang zum Pfad haben. Und seien Sie beruhigt: Selbst wenn es an einigen Stellen etwas schaukelt, ist dank der speziellen Konstruktion absolute Sicherheit gewährleistet. Für Gruppen – ob Betriebsausflug oder Schulklasse – gibt es spezielle Angebote, beispielsweise erlebnispädagogische Elemente wie Spinnennetz oder Schluchtenüberquerung. Beliebt sind auch Geocoaching oder die Skywalk-Rallye. Betrieben wird der Baumwipfelpfad übrigens als gemeinnütziges Unternehmen von der Katholischen Jugendfürsorge der Diözese Augsburg.

ANTENNE BAYERN TIPP

Zum Skywalk gehören zwei Naturerlebnispfade, von denen einer ebenfalls für Rollstuhlfahrer und Kinderwagen geeignet ist. Der flache und gut ausgebaute Weg steigt auf einer Länge von 190 Metern um vier bis sechs Prozent an, auf den folgenden Metern kurz auf bis zu 14 Prozent – damit ist er für einen Rollstuhlfahrer mit Begleitung problemlos zu bewältigen.

Anfahrt **Öffentlich:** Zug nach Heimenkirch, Bus 133 nach Lindenberg, Bus 18 nach Gretenmühle, von dort ca. 20 Min. Fußweg zu den Wasserfällen. **Auto:** B 308 nach Scheidegg, Abzweig zu den Wasserfällen bei Gretenmühle.

Informationen Scheidegg-Tourismu Rathausplatz 8, 88175 Scheidegg im Allgäu, Tel. 08381/89555; www.scheidegg.de.

Preise Kinder (5–13 Jahre) 1 €, Erwachse 1,50 €, Familien 3 €.

Spektakulär: Scheidegger Wasserfälle 100

Was für eine Kulisse: Eine 48 Meter tiefe Waldschlucht, steil aufragende Felswände, mächtige Tannen und das Tosen des Wassers, das über zwei mächtige Gesteinsstufen aus 22 bzw. 18 Meter Höhe in die Tiefe stürzt – das erwartet Sie bei der Wanderung zu den Scheidegger Wasserfällen, die zu den schönsten Deutschlands gehören.

Und damit nicht genug: Rund um die Wasserfälle wurde eine tolle Erlebniswelt angelegt, die vor allem Kinder begeistert. Schon am Eingang dürfen die Kids Kaninchen, Ziegen und andere Nutztiere eines kleinen Tiergeheges mit bereitgestelltem Heu füttern.

Für den Rundgang zu den Wasserfällen gibt es mehrere Varianten. Nehmen Sie sich Zeit, denn es lohnt sich, die unterschiedlichen Wege zu erkunden, weil sie immer wieder neue Perspektiven auf die versteckt auf einer 800 Meter hohen Terrasse liegenden Wasserfälle bieten. Da ist zum einen der bequeme, eben verlaufende Panoramaweg, auf dem Sie sich den Wasserfällen von oben nähern. Er führt zu den beiden jeweils knapp 20 Meter hohen Wasserfallstufen. Spektakulärer, aber auch etwas beschwerlicher sind die zahlreichen Stufen (festes Schuhwerk anziehen!) hinab in die bis zu 200 Meter tiefe Rohrachschlucht.

Achten Sie auf die unterschiedliche Vegetation der Schlucht: im oberen Bereich vor allem Mischwald mit Buchen und Tannen, weiter unten Eschen, Grauerlen und Ahorn. Auch seltene Tiere fühlen sich hier wohl, etwa der Schwarzspecht und die Gelbbauchunke. Vor allem für Familien mit Kindern empfehlenswert ist der Rundweg durch das Wildgehege, der zum kleinen Wasserfall führt. Nicht zu vergessen der Wasserspielplatz und das Wasserrad! Nach dem Rundgang können Sie sich im Mini-Biergarten am Eingang stärken.

ANTENNE BAYERN TIPP

Wer sich für Schlangen, Leguane und andere Reptilien interessiert, macht den kleinen Abstecher nach Gretenmühle, wo es einen kleinen, aber sehenswerten Reptilienzoo gibt.

Reptilienzoo, Gretenmühle 9, 88175 Scheidegg, Tel. 08381/8917538; www.reptilienzoo-scheidegg.com.

Register

Museen

Natur

Outdoor und Sport

Stadtführungen und geführte Wanderungen

Tiere

antenne
BAYERN
Wir lieben
Bayern
Wir lieben
Musik

Impressum

Unser komplettes Programm:

www.j-berg-verlag.de

In Zusammenarbeit mit der Redaktion ANTENNE BAYERN: Detlef Kuschka, Claudia Germann
www.antenne.de
Produktmanagement J. Berg Verlag: Kerstin Thiele
Lektorat: Michaela Zelfel
Layout: Eva-Maria Klaffenböck, München, www.atelier-luk.de
Umschlaggestaltung: Studio Schübel, München
Kartografie: Heike Boschmann, Computerkartografie Carrle, München
Repro: Ludwig, Zell am See
Herstellung: Barbara Uhlig
Printed in Italy by Printer Trento

Alle Angaben dieses Werkes wurde von der Autorin sorgfältig recherchiert und auf den aktuellen Stand gebracht sowie vom Verlag geprüft. Für die Richtigkeit der Angaben kann jedoch keine Haftung übernommen werden.
Für Hinweise und Anregungen sind wir jederzeit dankbar. Bitte richten Sie diese an:
J. Berg Verlag, Postfach 400209, D-80702 München, E-Mail: lektorat@bruckmann.de

Bildnachweis: S. 7, 14 Armin Scheider: S. 10/11 Wipfelglück Baumhaushotels; S. 12 Flugsportclub Mainbullau/Freizeitwerkstatt Familie Schuldt; S. 17 Mittelalterliches Kriminalmuseum, Rothenburg o.T.; S. 20/21 Romantische Floßfahrten Bibergau; S. 22 Gemeinde Sommerach; S. 24 oben picture alliance / Bildagentur Huber; S. 24 unten, 130, 156/157 Bildverlag Bahnmüller, Geretsried; S. 26 Steigerwald Bogenparcours; S. 32/33 Monsterpark Rattelsdorf; S. 34 picture alliance/dpa (David Ebener); S. 36 Markus Raupach; S. 38 oben Bad Rodach; S. 38 unten Frankentourismus Hub Bad Rodach; S. 40 Foto: Sambaco; S. 42 Kulmbacher Brauerei; S. 44 Zweckverband Teufelshöhle Pottenstein; S. 46 Mahler Clemens – mqdesign; S. 48 Luisenburg Festspiele/Hannes Bessermann; S. 50 Geschichtspark Bärnau-Tachov; S. 54 Karpfenland Aischgrund e.V.; S. 58/59 Rundfunkmuseum Fürth; S. 60 Christian Kuschel; S. 64/65 Bärbels Garten (Fotograf: Wolfgang Friedel); S. 66 Ulli und Klaus vom »Meierhof«; S. 68 Weißwurstakademie Norbert Wittmannn; S. 72/73 Neumarkt4you; S. 74 Erlebnismax; S. 76 Boulderwelt Regensburg; S. 78 Regensburger Personenschifffahrt Klinger; S. 82/83 Markt Bruck i. d. Opf.; S. 84 picture alliance / dpa (Armin Weigel); S. 86 Kloster Metten; S. 88 Sport-Alm-Bodenmais; S. 92 Bach-Naturcamps; S. 94 Freiherr von Poschinger Glasmanufaktur; S. 96 Rainer Pöhlmann, Nationalparkverwaltung Bayerischer Wald; S. 102 Wakelake; S. 104 Historische Räder Bruckbergerau; S. 106 Norbert Rieder; S. 110 Römervilla Möckenlohe/Donabauer; S. 112 Ingolstadt erleben/Manuel Wetzka; S. 116 Spargelhof Koppold; S. 118 Straußenfarm Donaumoos; S. 122/123 Bräustüberl Weihenstephan; S. 126 Gemeinde Hallbergmoos; S. 128 Minigolf Hammer; S. 132 Josef Ecker; S. 136 Soccerpark Inzell; S. 140/141 http://www.citipix.de; S. 142 Julia Krug; S. 146 oben picture alliance / dpa (Matthias Schrader); S. 146 unten picture alliance/dpa (Lukas Barth); S. 148 Bayern-Kamele; S. 150 picture alliance / Bildagentur Huber (R. Schmid); S. 152 oben Kur- und Gästeinformation Bad Feilnbach; S. 152 unten Brigitte Stadler; S. 160 www.barfusspark.info; S. 162 Eugen Hüsler; S. 164 Tante Hertha 1 / pixelio.de; S. 168, 172 Karin Lucke-Huss; S. 170 Alpsee Bergwelt; S. 174 Enzianhütte; S. 176 Tourismus Oberstdorf; S. 178 Gemeinde Balderschwang; 180 Purelements.de/ Thomas Waibel; S. 182 Käseschule Allgäu; S. 184 picture alliance (Alexander Bernhard / CHROMORANGE); S. 186 Martina Gorgas
Umschlagvorderseite v.l.n.r.: Kamelreiten im Mangfalltal (Bayern-Kamele); Baumwipfelpfad Scheidegg (Skywalk Allgäu); Romantische Floßfahrten Bibergau (Michael Sauer); Glasmanufaktur Poschinger (Freiherr von Poschinger)
Umschlagrückseite v.l.n.r.: Eiskanal Augsburg (Marianne Stenglein); Sambafestival Coburg (Sambaco); Bikepark Osternohe (Christian Kuschel); Waldfest Tegernsee (picture alliance / Bildagentur Huber (R. Schmid)

Die Deutsche Nationalbibliothek verzeichnet diese Publikation in der Deutschen Nationalbibliografie; detaillierte bibliografische Daten sind im Internet über http://dnb.d-nb.de abrufbar.

2. aktualisierte Auflage

ISBN 978-3-86246-099-1